グローバル社会の哲学

現状維持を越える論理

押村 高

みすず書房

目次

第1章　リアリストはなぜ現実から遠ざかるのか　3

第2章　グローバル社会論は新たなパラダイムとなり得るか　43

第3章　「公共」は国家を越えるか　81

グローバル社会の哲学

第1章　リアリストはなぜ現実から遠ざかるのか

はじめに

国際政治の理論や実践の主流を成すリアリストは、カント主義、リベラリズム、コンストラクティヴィズム、国際正義論、国際政治経済論（IPE）などのさまざまな潮流から批判を浴びている。それらの中でもリアリストがとくに応答に苦慮する批判として、「変化を読み取ることができない」という指摘がある。(1) アンチ・リアリストによると、変化に対するこの鈍感さゆえに、リアリズムはしばしば理論的な硬直に陥り、捉えようとする現実そのものと乖離をきたす。コンストラクティヴィストによる「リアリストは、アイデンティティやアイデアの相互主観的な形成が現状にもたらす変化を捉え損なっている」という批判は、本質を衝くものであろう。(2)

そこで本章では、リアリズムやネオリアリズムがなぜ、現実の変化を踏まえた柔軟な議論を生まなかったのか、メタ理論の立場からリアリズムの思想を通観することで解明してみたい。そのさいに、ホッブズ以来のリアリストの系譜を辿り、かれらが国際関係や国際秩序を論ずるさいの前提である（1）自然主義的な人間行動の理解、（2）構造主義的な国家行動の把握、（3）国際政治学そのものに根差す「現状の理念化」という傾向、の三点が変化を読み取るのを妨げてきたという観点から検討を進める。

1　自然主義というリアリズム

リアリストは、ネオリアリストをも含め、国際政治ないし国際社会において国家が道義的に行動することと、また国家同士が協力関係を築くことには限界があると論じてきた。かれらによると、国際社会で諸国家が国内社会の個々人のように信頼の絆を結ぶことは難しい。なぜならば、国際政治では法律の執行を監視すべき中央権威が不在であり、「規則を守った者が損をする」可能性があるからだ。さらには相互性が期待できないがゆえに、道徳的に行為しない方が合理的だと思われる場面も多いからである。かれらはこれを、人間の本性や国際政治の構造に由来する制約であると説いてきた。

このような説明は、国内社会と国際社会の構造的な峻別によって成り立っていた。K・ウォルツに従えば、国内政治は「権威が作動する領域」であるのに反して、国際政治は「権力と闘争が繰り広げられる領域」だった。(3) また、国内システムは「中央集権的で位階的」であるが、国際システムは「脱中央集権的でアナーキー的」なものとみなされる。(4)

リアリストは平和についても、それを主体間の不信を拭い去ることのできないほど一時的で、永続性のないものと考える。なぜならば、不確実性やアナーキーという構造の下では、各国家は他国からの信頼を犠牲にしても、自己利益追求、自己リスク回避を優先せざるを得ないからである。これこそが、多くの理論家、実践家の支持を獲得したアナーキカル・モデルと呼ばれる理論だった。

しかしながら、グローバル化した世界には、このようなリアリストの現状認識と反する事例が無数に存在している。たとえば、ワールド・リヴァイアサンが不在であるにもかかわらず、今日ほぼすべての国家が国際法の権威を認め、自発的にそれを守っている。主権平等、武力行使の禁止という規則がほぼ全国家により尊重され、現在では、帝国主義を正当化できると考える国はほとんどない。

中央政府による強制や制裁がなくとも、この地球上から奴隷制度はほぼ姿を消した。また中央権威がなくとも郵便、通信システムが定着し、それらが安定的にサービスを供給している。あるいは各国は、自らの国益にプラスにならないとしても、他国の人々の窮地にまで救いの手を差し伸べる。他方で、ロシアのウクライナ攻撃への対応にみられるように、各国は、自らが被害者ではなくとも、「世界公的な秩序と安全のために」被害者に代わって加害者の処罰や制裁まで行うことがある。

このような事例を目にしたとき、構造主義的リアリストなら、それらが本質ではなく「一時的現象」であり、やがて非協力や確執、生き残りのための競合、という本来の状態へ引き戻されるであろうと説く。なぜならそのように行動しない国家は、アナーキーな構造の中で衰退や滅亡を味わうからだ。あるいは、諸国家によって規則が遵守されているようにみえても、平和を打ち壊す国家の出現に直面したとき、その国家を効果的に制止し得るものはなく、やがては誰もが約束を守らないような状態に舞い戻ると予想される。リアリストに言わせれば、冷戦終焉後の大国間協力を台無しにして相対的平和を打ち壊した、ロシアのウクライナ侵攻こそがそれを裏付けている。

リアリズムと構造主義は同一の思想ではないが、国際政治のネオリアリズムは構造主義と親和性を持っていた。現在の国際政治学の主流をなすリアリストたちが、平和的共存に向け変化が起こっている、という説を否定するのは、アナーキーを終息させる手段としての中央権威を樹立できないという構造を不動なものと捉え、それに対する処方箋としては同盟や勢力均衡以外にありえないと考え、さらにこの現実は古代ペロポネソス戦争の『戦史』を描いたツキディデスの時代から変わっていない、と認識するからである。

リアリズムが現実からなぜ遠ざかるのかを考察するこの章ではまず、かれらがなぜ一つの構造を定常だと考えるのか、リアリズムの系譜や展開を辿って検討する必要があるだろう。

2　自然主義と戦争原因

リアリストたちはまず、出来事の表層よりも根本原因に注目し、その原因をもたらす行為者（人間）

や国家の「本来の姿」とは何かを追求してきた。とくに近代におけるリアリストは同時に理論家たらんと欲し、自説を科学的な推論として呈示するために、人間行動の法則性を定立することに熱心だった。このこともまた、かれらにそのような目標設定を促した理由である。

それらの科学的追求から明らかになったのが、誰も人間の生存欲求をコントロールすることはできないという真理である。それこそが不動の原因を構成し、人間はつねに利己的な行動に走る。近代リアリズムのパイオニアとされるホッブズによると、社会設立以前の人間は悲惨な生存競争の下に暮らしていた。法と道徳の概念すらも、自然状態を脱して社会を設立するまでは存在しないとみなされる。生存競争が定常的であるのは、ルールを生み、それを強制できる権力者を人間の手で生み出すまでは、あらゆる規則が執行や強制の裏付けを欠くからだ。

ホッブズ自身が明示的に触れているわけではないが、このような法則を国際政治に当てはめると、誰もが明確な含意を読み取れる。国内政治では、リヴァイアサンの樹立すなわち政府の誕生によって、ルールの制定とその強制が可能となるが、それに反して、国際政治ではワールド・リヴァイアサンを設立することが困難であるがゆえに、法、道徳、制度の構想は永遠に失敗を運命付けられている。言い換えると、国内政治と国際政治では本質が異なっており、前者において人間が善く生きることが叶うのに対し、後者において各国家は道徳的に空白な状態に置かれる。

ホッブズは、このような「自然状態」を巡る概念セットを構築するさいに、自らが写実的であり、経験的であり、心理的である点を誇っていた。「善人も身を護りたければ、実力と瞞着という戦闘的な徳へと、つまり野獣の強欲へと、立ち帰らなければなりません」と述べて、人間の強欲を宿命にも似た「現実」として呈示することを目指し、またこの自然状態を生存という実践的価値が導く「必然」として描くことを意図していた(5)。

かれはまた、自身がこのような真理を発見し得たのは、「個々の事実の観察から普遍的規則への道」を辿ったからだという自負、それが画期的だという自覚を持っていた(6)。運命付けられている性向こそが人間の行動を導くという自然主義的な捉え方は、一八世紀後半に国際政治のリアリストがホッブズをリアリズムのパイオニアに祭ってから、のちに二〇世紀にK・ウォルツがホッブズの戦争論を誤った仮説として退けるまで、さまざまな反論に出くわしながらもリアリズムの主流としての地位を保つことができた。

ここで描かれる人間は、自然的条件に拘束される存在である。この科学的モデルのおかげで、人間の行為が完全な自由意志によるものかあるいは気紛れによるものか、という哲学論争を回避することが可能である。その代わりに、存在の基本構造が行為を枠付け、時間や空間を問わず(ホッブズの場合は、リヴァイアサンが樹立されるまで)、すべての人間が同じように考え、同じように行動するのだと推論できる。

もっとも、ホッブズが国際政治へ強い含意を持つこの概念を公にしてしばらくは、思想家の中で好意的な反応を示し、このモデルを現実の記述だと考えた者が、ほとんどいなかった。それは、ホッブズの理論が現実味や科学性に乏しかったというよりも、かれの理論の唯物論的な方向性があまりにも反道徳的、反宗教的なものに映ったからだろう。

ホッブズの不人気は、この自然状態論に対してロックが批判を試みている事実からも窺える。ロックによれば、ホッブズは仮想上の自然状態と現実の戦争を混同していた(7)。ロックの解釈において自然状態は、上位者や共通の裁判官を持たないが、成員がそれなりに道徳性の観念に従っている状態を指すべきで、他者の身体に対する実力行使やその意図が存在し続ける状態、なおかつそれを妨げる上位者がいない状態とは峻別されねばならない。ロックは、人間本性を定常的に説明した点ではホッブズと同一だが、ホッブズの戦争状態を誤った自然認識として退け、別の穏やかな定常を描こうとした。

上位者がいないにもかかわらず、それなりに平穏が保たれる「穏健な自然状態」というロックの構図は、やがて国際政治学においてホッブズ・モデルの有力な代替のひとつになる。のちにそれを国際関係に応用したのが、アナーキカル・ソサエティー（政府がなくとも存続し得る社会）という概念を軸に国際政治モデルを構築し、一潮流を形成した英国学派であった。たとえばH・ブルによると、「ヨーロッパで成長し、世界中へ広がった主権国家システム」では、国際行動における「合法性・違法性の観念がつねに重要な位置を占めてきた(8)」がゆえに、ホッブズのいう道徳の観念が通用しない自然状態が、主権国家システムに妥当することはない。

とはいえ、邪悪であるか善良であるかはさておき、ロックもやはり人間本性を基底要因とみなし、定常的な構造を自然主義的に描く点ではホッブズと変わりがない。いずれにしてもこの時代、常数としての人間本性をつかむことなしに、国内社会、国際社会の本質は語れないという考え方が広く共有されていた。ある意味でそれが、変わりゆく歴史、文明、時代の相の下で人間について考察することを妨げていたのである。

3　自然主義の継承と批判

社会契約論者のルソーは、ホッブズ的な自然主義に対して、いまで言う構造主義の立場から批判的に応答した思想家のひとりである。ルソーは、ホッブズの戦争概念がいかに自然的人間の姿に似つかわしくないか、その根拠として、人間が「臆病であること、ほんのわずかな危険に出会った場合でも、最初の反応は逃げ出すこと」を掲げている。ルソーによれば、「人間と人間との全般的な戦争はまったく存在しない」[9]。そもそも自然的人間に、それを遂行する能力や知恵が備わっていないからだ。

自然と社会ばかりでなく、自然と文明の対比も思想課題のひとつであったルソーのみるところ、「憎悪にかられて、敵の不意を襲うのに絶好な瞬間をひたすら待ち望む」戦争状態は、文明という構造がもととなって発生し、高等感情のもつれによって惹き起こされる代物であって、自然の性向の延長などではない。したがってそれは、「戦争そのものより危険である」ことになる[10]。要するにホッブズの戦争状態は、「独裁政治と盲目的服従とを確立したい」という特定の社会的立場に立つ人の欲求が生んだ結果とみなされる[11]。このルソーの考え方は、ホッブズの自然主義モデルに代わる戦争アプローチの可能性を示していた。すなわちそのアプローチでは、ホッブズが戦争原因としてみたものは、社会や政策という人為による構築物なのである。

自然状態の人間とて、正義、道徳、共通利益などの「有用性」に気付かぬはずはなく、また戦争を遂行している間も人間は、何らかの正義とその遵守の有用性を発見するがゆえに、ホッブズ的な自然状態は「持続し得ない」と論じたのが、ヒュームである。かれはいう。「人間の本性は、個人相互の結合なしには、決してやってゆけないようになっている」。しかもそのような結合に、平等、正義などを謳った法律への尊重が伴わないならば、「相互に、殺し合うことさえできない」[12]。この意味でホッブズの自然主義は、変化の始点を定常と見間違えたものであり、人間社会の進歩を捉えそこなっていた。

自然主義に対抗してヒュームが打ち出した「有用性」という学習プロセスを組み込んだ理論が、国際政治のモデルとしてホッブズ以上に有効だったのは、因果関係という意味での科学性を多く持っていたからではなく、当時の国際関係の現実をよりよく説明することができたためだろう。ヒュームに従えば、国家間関係では「新しい一連の規則の有益性が、すぐに発見される」。その結果、「戦争にも規則がある」とかれはいう。各国家にはそれを捨て去るインセンティヴが湧かないがゆえに、その規則は「国際法という名称のもとに法律として成立する」。ヒュームはその証拠として、大使の人格の不可侵、捕虜の助命、戦時万民法などの定着と各国による遵守という現実的な証拠を掲げている[13]。しかもヒュームはこれらの発展を、変化や進歩のモデルとして呈示したのである。

ルソーの「各人民の一般意思による、戦争の統制」という発想に着想を得て、平和の樹立に対する共和政や法治主義の有効性を強調したカントもまた、ホッブズの自然主義的リアリズムに正面から挑んだひとりといえる。もっともカントは、ルソーとは異なって、個人間の自然状態と国家間の自然状態をともに悲惨で非人間的と捉えるホッブズの前提を、いったんは採用する。そのうえでカントは、「諸人民の自然状態とは、個々人の人間の自然状態と同じく、法的状態に入るために抜け出すべき状態である」と論じた[14]。

つまりカントは自然状態を、所与ではなく、道徳意識の向上が促す行動によって「作り変えられるもの」と捉えたのである。その状態から脱するための有効な方策とは何かを考えたカントは、ホッブズが国内問題に関して展開した論理において各人が「信約」へ歩みを進めるがごとく、「一個の国家主権のもとに統括せられた世界公民的共同体」には及ばないが、それでも共同で制定した国際法に従うような「連合という法的状態」へ、諸国家が赴くよう提唱する[15]。なぜなら、人間は定常状態に甘んずる存在ではなく、まさに道徳的な命令に従って現実そのものを改変できる力を持っているからだ。カントにとっては、この改変力の存在とそれによりもたらされる成果こそが長期的な視野からみた人間についての「現実」であった。

いずれにしても、ホッブズの戦争状態論は、かれの無心論者ないし決定論者というマイナスイメージも災いしてか、啓蒙期にはむしろ克服の対象とされていた。このような事情は、国際関係思想においてもほぼ同様だったといえる。実際、D・アーミテージも指摘するように、「戦争状態として国際関係を描いた先駆者」という現代のホッブズの位置付けとは裏腹に、一九世紀に至るまでホッブズによる国際関係についての断片的な記述は、「国際政治学者の関心の対象とはならなかった」[16]。

それではなぜ、国際政治学者はのちに、ホッブズの戦争状態論を現実の表象とみなすに至ったのか。ここでも、「国際的な無政府論者というホッブズの位置付けは、ホッブズ自身が国際関係をそのように描いたことに由来するよりも」、国際関係の戦争を、恒常的状態として認識したかった「一九世紀以降の国際政治学者がホッブズをさかんに援用するようになった結果である」というアーミテージの指摘が有益であろう[17]。

リアリズムはその後、一八世紀末以降のドイツを中心に政策の論理として発展を遂げる。当時の「国家理性」の論者たちは、その前提あるいは基礎付けとしてホッブズ的な戦争状態という構図を必要としていた。とくにその必要性を痛感していたのが、ヘーゲル、そしてビスマルク時代の現実政治（Realpolitik）の潮流である。ヘーゲルは『法哲学講義』において、ホッブズの名を引き合いに出し「自然状態にある人間にとっての正義」を問うことがいかに愚かであるかを指摘したうえで[18]、諸国家の自然的な関係を次のように描写してみせる。すなわち国家間関係においては、「それぞれの国家が特殊な個としてふるまうから、感情、利益、才能、徳性、暴力、不法、悪徳といった国内の特殊性のみならず、最大限の広がりを持つ対外的な偶然性までが、最高度に勝手な動きを示す」[19]。ここではヘーゲルによって、カント的な普遍道徳を排撃する過程で、個別としての国家とその国内道徳がリアリティに格上げされたのである。

ドイツ国法学の伝統の中でC・シュミットも、ホッブズのリヴァイアサンを「一〇〇年以上の長きにわたって、近代的な国家に関する思考を規定した」書物、さらにホッブズを時空を越える認識を示した思想家と位置付けた。ただしシュミットは、ホッブズ的自然状態を「アナーキカルではあるが、まったく拘束のない状態ではない」と論ずるなど、必ずしもそれを克服すべき対象とはみていない。

逆にシュミットにいわせれば、ヨーロッパのみがホッブズ的状態という現実から目を背けることなく、なお土地を領土で区画し、諸国家が均衡を保つなどの人為的な方法でその構造を緩和することに腐心したがゆえに、それなりの秩序を勝ち取ることができた(20)。シュミットが援用する「ヨーロッパ公法」の事例は、それぞれが最高決定者であるような主権国家の間にも、一定の秩序とそれに伴う法治性をもたらすことが可能な点を証明している。シュミットにとって、世界が一体となることはなく、友と敵の関係という構造は不動であるが、しかしことヨーロッパにおいては、敵対関係の緩和という変化や進歩が認められるのである。

このようなヘーゲルやシュミットによる国家間関係の性格付けには、ホッブズの自然主義的な理解とは異なって、歴史の中では構造も主体も変質し、展開することが視野に収められている。かれらの描くリアリズムはとくに、一九―二〇世紀のヨーロッパ時代状況に符号していたため、外交担当者たちによって一種の政策的助言とみなされるようになった。そのおかげで、ステイト・リアリストたちの理論が亡命の国際政治家H・モーゲンソー、そしてイギリスの外交官であり歴史家でもあったE・H・カーなどを媒介して、冷戦期のアメリカの国際政治学にまで着想を与えたことは論を俟たない。

ついでにいえば、モーゲンソーやG・ケナンもまた、ホッブズ的な道徳懐疑主義を政策論の前提として採用し、その土台の上に政策的助言を構想しようとした思想家のグループとして描くことができる。なぜならば、かれらはアメリカ国内論争において、リベラルやウィルソン主義者に対抗し、国際政治が法律、道徳、正義では語れないことを論証しなければならなかったからだ。さらにアナーキカルな世界こそが、アメリカの安全保障戦略の前提条件を表わすフレーズとして適切であることを、示したかったからである。言い方を換えると、かれらにとっては、米ソの核開発競争の常態化、東西の冷戦構造という厳しい現実が、時空を越えて戦争状態論が妥当する証拠だと思われた。

4　リアリズムの非現実性

リアリストが一方における人間の本性や国家の本質と、他方における戦争や無政府状態とを関連付けながら、両者の因果関係を定常として語ったことの意味を知るには、認識のメタ理論が必要となるだろう。この点について、自然主義の根底に横たわる、科学主義と結びあった思考法についての、I・バーリンの指摘ほど示唆に富むものはない。

一九世紀と二〇世紀のほとんどの社会理論家の出発点は、次のような自然主義的な前提であった。すなわち、人間は、因果法則によって決定された存在であり、一人ひとりは弱く、潜在的にはあらゆることを知る能力を持っている。そして、知識の増加は、人間という存在が識別可能な因果関係のネットワークに完全に依存しているという事実を徐々にではあるが明らかにする。[21]

バーリンは、因果関係分析の狭隘さについても、以下のように語っていた。

調和的な因果法則の体系が——あるいはそれに相当する何らかの枠組みが——巧みに働いているからといって、そのことは、社会的な歴史の領域においてももっぱらこの体系だけが働いていると考える根拠にはならないのである。[22]

自然主義の生み出す表象が現実とは甚だしく乖離しており、ホッブズの戦争状態が実際には非現実である、という決定的な評価を耳にするには、ポスト構造主義の立場から権力を解剖するM・フーコーを俟たねばならなかった。かれはホッブズの原初戦争を、「戦闘も血も死体もない。あるのは表象、意志表明、記号であり、誇張された策略にみちた虚偽の表現なのだ」として一蹴した。「見せかけの計略と、正反対に偽装された意志、確信のカムフラージュを施された不安があるだけです」と述べて、ホッブズの概念を非歴史的なものと推断する。さらにフーコーによると、ホッブズの戦争状態とは、「表象が交換される舞台であって、時間的に無限定な関係性としての恐怖の関係のなかにおかれている。じっさいに戦争の中にいるわけではない[23]」。

ポスト構造主義からリアリズムの認識法の欠陥を指摘した思想家とは別に、リアリストの陣営に身を置く者の中にも、国際政治学の役割を単なる現実の表象や因果関係の定立に限定することに不満を覚える学者がいた。リアリズムを政策論的立場から論じ直したモーゲンソーやケナンは、自然主義のような単純な因果法則の定立が、政策における柔軟さを奪うという自覚を持ち、リアリズムの重点を、具体的状況の中で最善の判断や選択を行うことを本領とする深慮（prudence）に移していった。[24]

実際にモーゲンソーは、リアリズムの本流をホッブズではなく、一八世紀のE・バークに見てゆく。するとその哲学は、自然主義的な前提から法則を呈示するのではなく、状況の変化に機敏に反応して、なお深慮によってオプションの中から最善のものを選び取る戦略として描くことができる。こうして、政策志向のリアリストたちは、ヨーロッパ史の展開をも視野に収めつつ、歴史の変化や繰り返しも参照して、そこから得た教訓を外交の選択に活かすべく、リアリズムに変更をもたらしたとも言い得るだろう。

しかしながら、グローバル化の進展、東西冷戦の新たな展開、二極構造から多極構造への転換など、誰の目から見ても歴史的変化の到来が明らかだった七〇年代後半に、モーゲンソーらの政策論的なリアリズムもまた、妥当性を強く疑われるようになってゆく。リアリズムに挑んだ国際政治経済論の相互依存論が注目を浴びたのも、また、リアリストが八〇年代の新冷戦に目を奪われて、パワー以外の領域で生まれた変化をフォローできていない、という批判を浴びたのもこの時代であった。

冷戦末期にはいよいよ、アンチ・リアリストないしコスモポリタンの立場から『国際秩序と正義』（邦題、原題は『政治理論と国際関係』）を著したCh・ベイツが、グローバル化に伴い変化が生み出された結果、リアリストの拠って立つホッブズ的な前提が失われたとまで言い切ったのである。すなわち、ベイツのみるところ、国際関係とホッブズ的な自然状態との類推が成り立つには、（1）国際関係の行為主体が国家である、（2）国家の力は相対的に等しく、最弱国も最強国を打ち破ることができる、（3）国家は、国内問題を他国から独立して処理できる、（4）高次の権力が存在せず、他の行為主体が規律に服するという確かな期待を抱くことができない、この条件を満たすことが必要であった。[25]

しかしながらベイツによると、今日の国際関係における主要な現実である、国家以外の主体の台頭、大国の防衛・報復能力の突出と中小国の軍事的な脆弱さ、各国利益の相互依存的な関係、各国によるルールの自発的遵守の慣行などは、リアリストの前提としている国家の並立という構図が、もはや存在しないことを証明していた。

5　構造主義による現実からのあらたな乖離

リアリスト陣営の中にいま一人、歴史的な現実という証拠を挙げてホッブズのモデルの不毛性を指摘する者がいた。構造主義者K・ウォルツである。かれによると、ホッブズ流の国内政治と国際政治の逆方向の類推、すなわちリヴァイアサン樹立（政府の存在）によってもたらされる平和の国内と、「混沌、破壊、死」と隣り合わせ（政府の不在）のままでいる国外という比喩は、現実の切り取られた断面でしかなかった。そのことをウォルツは、ほかならぬ「現実の証拠」を挙げて論じている。なぜならば、ヒトラーによる六〇〇万人の虐殺、スターリンの五〇〇万人の粛清、また、アミン抑圧政権下ウガンダにおける「みじめで、残酷で、短い」生命などの例を挙げるまでもなく、ホッブズの説くところとは裏腹に、政府の存在する地域にも、政府の不在による自然状態を上回るほどの暴力や恐怖が認められるからである。(26)

さらにウォルツは、スピノザやホッブズのごとく戦争の原因を人間本性に帰する考え方を「第一イメージ」「還元主義理論」と名付け、誤った政策や対策をもたらすものとして退ける。ウォルツによると、戦争の原因を人間の本性、あるいは国家の形態や性格に求めることは理論的態度とはいえない。たとえ人間本性の改良が可能だったとしても、またすべての国家が道義的にふるまったとして、平和や共通善についてのそれぞれの定義や理解が一致しないという現実には変わりがなく、しかも、道義についての統一的な解釈を生む上位権威を欠くがゆえに、戦争や確執が途絶えることもない。(27)

しかしながら、ホッブズのモデルを、「人間性の本質を究明しても戦争の原因は分からない」と論難したこのウォルツは、経済科学の影響のもと実証主義を強く志向したがゆえに、別の意味で国際政治の構造の本質を解き明かすこと、因果論的な説明を施すこと、また、いわゆる定常的なモデルを構築することに余念がなかった。そのため、結果的にかれが生み出した理論もまた、構造主義と科学主義に特有の、ニュアンスや変化の無視ないし軽視、という傾向を帯びてしまった。

自然主義的なリアリズムとは距離を置き、さらに個々のユニット（国家など）の属性、資質、動機、相互作用つまり「政治指導者のタイプ、社会経済的制度、イデオロギー的コミットメント」を排除して、構造を言語化することを目指したウォルツは、ユニットの配置（極がいくつあるかなど）と「能力」が諸国家にどう配分されているか、のみに注目した理論を生み出そうとしている。[28] ここで構造は、ユニットの個別的変化がそこに何らの変化をも生み出さないようなものとして定立され、さらには、観察者の側の認識のぶれによって別の構造が描かれることのないように定立されるのである。国際政治の構造の抽出にさいして、かれの理論では観察者が国際政治という現実の外部に立つことも許される。かれの言葉を借りれば、構造とは現実そのものではなく、「具体的現実を抽象して」再構成されたものだった。[29]

変化するものすべてを変数として採集する愚かさを語るウォルツによると、優れた理論とは、少数の重要な変数のみを取り上げ、その相互連関を語るような理論である。[30] したがって、移ろいやすく、一貫性のない個人の性格や行動、国内体制やイデオロギー傾向に原因を求める定式化は失敗を運命付けられており、真の体系を描くことも、構造の本質を解き明かすこともできない。

このような理論的操作を経てかれが辿り着いた構造とは、各国家のエゴイズムがもたらすアナーキーである。その含意とは、各国家が、「他国からの援助を求めるか否か、また求めることによって他国に債務を負い、自国の自由を制限するかどうかを含めて、国内外の問題にどう対処するかを独力で決める」ことにほかならない。[31] このような「自分の面倒をみろ」という指令を、構造が発するのである。[32]

このアナーキカル・モデルにおいて、各国家に対して協力を促すような権威はなく、各国家に約束を破らないよう抑制してくれる、あるいは違反を罰してくれる上位者はいない。それゆえ、各国家は他国の行動が読めないという不確実性の下に置かれる。そのような状況で国家は、「短期的利得を最大化する」以外のすべを知らない。約束の遵守などといった他国への依存度の高い状態になおさら自らを置こうとしない国家は、地球的な公共善に献身することも少ない。なぜならば、「構造的制約のない」[33]場合に国家が行うことのできる倫理的な行動も、構造的制約の中では行うことができないからである。

かつてホッブズは、中央権威がなければ、社会的関係を取り結び、維持することは困難であると論じた。ヘーゲルは、国家内公共性と国際的公共性が矛盾する場合に各国家は、国家内公共性を優先すると断言した。ウォルツは、人為によってはコントロール不可能な構造の制約があるため、約束遵守を優先する方が合理的だと考える理由はないのだと説明した。このような推理を辿ることによって、ウォルツの中に、少なくともこの世に独立国家が複数存在するという現実が変わらないかぎりは、国際政治の基本的構図に変化が生まれるはずはない、という確信が膨らんだのである。

メタ・リアリズムの立場からみると、ウォルツはアメリカのリアリズムを、深慮のリアリズムから無時間的な理論に鋳直し、ホッブズ的な定常性理論に引き戻したといえる。無時間、少なくとも数世紀にわたって変化しないモデルを提示することは、ウォルツが思索を開始した五〇年代〜六〇年代には、理論に科学主義の装いを持たせるための必要条件であり、充分条件でもあった。そのかれが、自らの理論が数百年をカヴァーする射程を有すると考えていたことは間違いないだろう[34]。リアリストの一人J・J・ミアシャイマーによれば、「リアリズムの命題」は、「中世末期の一三〇〇年から一九八九年まで七世紀近くにわたり、国家や他の政治的団体が依拠した法則」とみなすことができる(35)。

この法則を呈示するさいウォルツは明らかに、自由主義的経済理論の根幹を成す新古典派の経済理論を踏襲している。その理論こそ、経済学を資本主義論と切り離し、市場の科学として洗練させたものである。ミクロ経済理論は、歴史的現実から抽象されたマーケットを仮想し、人間がその構造の制約の中で、自己の利益の最大化を目指すと説明していた。合理的に行動する各人は市場を通じて相互行為を行うが、市場の構造自体を変化させることはない。いうまでもなく、このような理論を支えるのは方法論的個人主義と均衡理論である。

ウォルツが国際政治に応用したのは、まさしくこのような抽象法であった。かれの説明では、各国家という主体は、自己利益に対して合理的であり、その結果、他国との競争の中でゲインを得るために行動する。したがって、各国家の性格において、たとえばソ連が西側との共存を目指すようになるなどの、外から誰が見てもわかるような変化が起きても、それは構造に影響を及ぼすものとはみなされない。各国家の行動の目的は、当該国がどのような国内体制や外交方針を採用しようが、存続や国益の追求に変わりがなく、国家がそれらを諦めるような変化は起こりようがないからである。

言い換えると、この構造主義理論で、各国家が存続を果たしているとすれば（実際にウォルツは、国家が滅亡するような事例が皆無だと考えているのだが）、それは各国家が、アナーキーの法則や、行為者と構造の因果関係に従うことができた証拠である。各国家の行動が類似してくるとウォルツが考えるのも、それゆえであった(36)。

6　構造主義における変化の位置付け

ウォルツの理論には、さまざまな理論的、実践的な批判が寄せられている。経済的相互依存による「アナーキーの変質」という二〇世紀後半の現実を、ウォルツが考慮に入れていない、という政治経済論や相互依存論からの反論(37)、ひとつの現状を本質や構造の名のもとに固定するばかりか、人間能力の変化や、相互行為の構造にもたらされた変化を無視している、というR・アシュリーやR・コックスによる批判理論からの異議(38)、さらには、アナーキーのもと国家が自助のために合理的な手段を選択するというウォルツの前提には誤りがある、とみなすコンストラクティヴィスト・A・ウェントの批判などである(39)。それらを詳しく検討することは本章の主題から逸れるので控えるが、ここでは、ウォルツ以外の者にとって変化と映る現実が、なぜウォルツにとっては変化として認識されなかったのかを検討しておきたい。

一般的にいえば、定常性を導こうという理論は、変化の説明を目的としていない。ウォルツの場合も、変化するものは本質に該当しないという自覚のもと、S・ホフマンを批判する形で、変化のフォローを自負する理論がまやかしであると論じている(40)。むしろ、ユニットの性格が変わっても本質が同一であるような構造理論を呈示するのが、科学者ウォルツが自らに課した役割である。それこそが、理論の普遍妥当性の証なのであるから。いうまでもなく、このような理論の呈示の仕方は、人間の意図も国家の行動も構造に影響を及ぼし得ないかのように描く一方で、この構造が人間の行動を同一の方向に誘導するようにみなすという、構造主義に共通の特徴を持っている。さらにこのような理論においては、科学的に定常とみなすことのできない要因は、半ば「存在しない」かのように扱われる。

（ネオリアリズムは、）国際政治の研究、少なくとも国際政治の理論から外交政策の国内的決定要因、国境を越えて存在する脱国家的な諸力や制度などをすべて捨象してしまう。つまりそれは、国際的、地域的な規範や組織の意義を全く認めていない。国際経済関係の特殊性を無視するか軽視している。(41)

しかるに、近年の構造主義に対する理論的反省を踏まえると、認識論的な自己反省を欠いていたことがウォルツの理論の射程を狭めてしまった、と評価することができる。なぜなら国際政治は人間の所為であり、自然現象ではない。当然、研究者の観察対象としての人間が考え方を変えたときに、それは行動の変化となって現われ、なお、かれ／彼女が有力国の政策担当者だった場合には、変化は政策を通じて構造そのものに影響を及ぼす。そして、その政策が異なっていれば諸国家の相貌や性格も異なり、諸国家がウォルツ的な均衡ではない関係、すなわち上下関係に置かれる場合も出てくる。(42)

ここでは、A・ギデンズが構造主義に施した修正の方向を思い起こすべきであろう。すなわちギデンズは、構造と行為者の関係は固定されたものではなく、行為者の認識によって変化し得ることを示した。ギデンズによると、社会的行為を導く諸規則や諸条件は、行為者が特定の何かを決定論的に行うよう指示するわけではない。これを国際関係の場面でいうと、無政府的な構造が行為者たちすべてに類似した行動を執るよう促すわけでもない。行為者はまた、構造を異なった意味に理解したり、構造に新たな意味を付け足したりして、態度、行動、政策を変化させることができる。このことをギデンズは「構造化」(structuration)と呼んでいた[43]。

何よりも、ポスト構造主義を経たわれわれの常識では、観察者が複数存在し、異なった価値観を携えて分析を繰り広げる以上、彼らのすべてに同じ意味合いを持つ構造などは描きようのないはずである。たとえば、ある人間が平和的共存を望み、そこに向かって行動を起こそうと決意した場合に、その人間にとって現世界の構造は、たとえ決意した時点で戦争や紛争が現実に存在していたとしても、潜在的に平和的要素を含むものに映る。かれにとっては、戦争や紛争の動向は取るに足らぬ変化であり、それらが平和的構造を台無しにすることは決してない。

この問題は、国際関係の観察主体の立ち位置の問題とも深く関わっている。つまり、構造は、人間の意識と独立して定立されるわけでも、分析されるわけでも、記述されるわけでもない。なぜならば、分析し記述する人間もまた、構造の一部だからである。とくに、構造の言語化や性格付けには、時間性、地域性を帯びた観察者の主観的な意図や解釈が混入せざるを得ない。カントの、主観的意思による認識や意味付けの変更が現実の変化に先立たねばならない、という分析もこの事実を踏まえたものである。これこそが、ポスト構造主義やコンストラクティヴィズムが強調してきた点だ。しかしウォルツが、このような認識論的反省を、理論に組み込むことはなかった。

なるほどウォルツは、「構造における変化」と「構造の変化」というかれの使い分けが、各国の体制や政策の変更を無視しているわけではない証拠になると考えている。[44] すなわち、ソ連が共産主義を止めたことは、同じ二極構造の内部における変化であって、大国による勢力均衡によって成り立つ構造それ自体に変化をもたらさない、というのである。しかし、このような構造の定立の仕方が、意識の変化が及ぼす影響を考慮に入れないばかりか、現状を最良のものとして表象し、アナーキーの美徳を実践した国家を顕彰するような含みを持っている点に、ウォルツが省察の目を向けることはなかった。

具体的には、以下の三点で、ウォルツは暗に現状維持を推奨し、行為者が歴史的な、あるいは同時代的な変化を生まないように望んでいた。すなわち、ウォルツはまず国民国家という形態が、ほとんど究極な人間共同体であるかのように描くことで、実際上国家という現実を理念化している。

国家は、その相互作用によって国際政治システムの構造を形成するユニットであり、今後も長きにわたってそうであり続けるであろう。国家の消滅率は、際立って低い。多くの企業は消滅するが、国家はそうではない。[45]

同じ箇所の前のパラグラフには、グローバル化という脱国家的運動に目を奪われるべきでないと忠告することで、国家の永続性という意識を改めないように推奨している。推奨する理由は、この構造の中でウォルツ自身をも含む国際政治学者が積み上げてきた叡智を、外面的な変化に気を取られて無効にしないためでもあるという。

脱国家運動は、システムの構造の中で起こっている過程のひとつである。国家中心の見方が頻繁に問題視されているということは、政治学者が構造と過程の明確な区別をつねに念頭に置いておくのがいかに難しいかを反映しているに過ぎない[46]。

第二に、アナーキーにおける（無）秩序の在り方を、国内のようなハイアラーキカルな秩序と比較し、ハイアラーキーの維持コストがいかに高いかを説明する。この二分法に基づく比較のなかで、アナーキーな秩序は、戦争を誘発しながらも、組織的コストが低いという美徳を持つ[47]。つまり、秩序問題の解決としてアナーキーや均衡の美徳を賛美しているので、アナーキーを緩和したり変質させるような動きはすべて、かれとしては、ハイアラーキーに傾くものとみて低い評価を与えざるを得ない。

第三に、かれが冷戦構造を最良のものとして推奨していることは、かれのヨーロッパについての叙述から伺い知ることができる。すなわち、「たいていの場合、管理のための努力は多極よりも二極的世界においてのほうが、より多く為される」と述べ、ヨーロッパの統合つまり多極化が不安定化を引き起こすことへの懸念を表明している[48]。その上で、ヨーロッパが本音の部分でアメリカの管理を望んでいたことを証拠に挙げて、ヨーロッパ統合が二極構造を変化させるなどという誤った認識を、抱くことのないよう助言している。

さらには、二極構造のもとでのソ連の行動や政策について触れ、「東ヨーロッパの人びととの自由には貢献しなかったものの、国際平和と安定には寄与した」というR・E・リックリダーの説を紹介しつつ、ソ連に敬意を払う(49)。つまり、米ソ二極構造が、国際関係の管理という点できわめてすぐれた成果を挙げていることを力説するのである。

7　国際政治学が変化を受け容れにくい理由

冷戦が終焉を迎えたさいに、ウォルツの理論に対する批判は、かれが大きな変化を予測できなかった点に集中していた。しかしそれらに対してウォルツは、冷戦終焉以前と以後で「構造については何も変わっていない」と応答している。批判に応えるためのかれの論文「冷戦後の構造的リアリズム」(Structural Realism After the Cold War)には、以下の一節が挿入されていた。

> もしシステムが変容するなら、国際政治は国際政治であることを止める。そして、過去は未来についての指針ではなくなるであろう。われわれは、国際政治を、幾人かがそうしているように、別の名で呼び始めることになるであろう(50)。

すなわちウォルツは、アナーキー、自助、中央権威の不在は、「国際政治そのものの定義」に関わる問題だと考えていた。したがって、研究者が諸国家の関係を国際政治という学問的パラダイムから論ずるときはいつでも、それらを前提としないわけにはいかないし、それらを前提に据えることが叶わなくなったときに、国際政治はその使命を終える、と言うかのごとくである。逆にいえば、生起する出来事がそれらの前提の現実味をわずかでも窺わせるとき、すなわちいずれかの国家間に戦争、紛争、対立という証拠が認められるときは、世界の大勢が平和に向かっていたとしても、あるいは一つの大きな戦争が終結したとしても、このモデルは生き続け、なお国際政治学者はこのモデルが現実を表象したものと信ずることができるのだ。

冷戦中、そして冷戦直後のさまざまな変化をほとんど取るに足らぬものとみなすウォルツのこの理論が、国際政治学の理論家や実践家によってこれほど長きにわたり教科書とみなされてきたのは、かれの構造主義的リアリズムが、国際社会論、グローバル社会論、相互依存論などの新しい学問的傾向に対して、あるいはアイデアリストたちの影響力拡大に臨んで、「国際政治学」という孤塁を守るのに最適な理論だったからに他ならない。こうみてくると、ウォルツの理論の持つ保守性や現状擁護的な性格は、国際政治学のパラダイムそのものの特質であるといっても差し支えがないだろう。

もとより、国家と主権の関係を論ずるさいの国際政治学の前提は、（1）国家は自立や自助を目指し、その能力を持っている。（2）国家は統一した意思を持つ。（3）国家は自己の存続に関わる利害について合理的な判断を行い、その判断に基づき合理的に行動する。その結果、（4）国家間関係において、国家を上回る権威を設立することは、永遠に失敗を運命付けられている、であった。

コンストラクティヴィズムのメタ理論から国際政治学の前提それ自体を分節化してみると、その根底に、まず完成された「個」が存在し、それが国際社会という構造に先立つという認識が横たわっていることがわかる。言い換えると、リアリズムを支配しているのは、いわゆる個別の単位が寄せ集まり、その単位すべてが法則にしたがって行動してゆくうちに、全体システムが築かれそのシステムが自己維持を果たす、という近代物理学で流行した、またホッブズ以降の人間社会の認識の多くに特有な、それゆえに普遍的とは言い難いシステム認識法にほかならなかった。(51)

国際政治学という学問の主流を成した、この「個体主義的な解釈」に従うと、外的なシステムがアナーキーで秩序が不安定でも、個々のユニットはなお存続し続けることができる。ホッブズの自然主義でもウォルツの構造主義でも、各自が自ら存続しようと努力すれば、独力で生存が達成できることと発想は同じである。いうまでもなく、各国がそのような前提に立って行動すれば、とくに生存競争の下では、他国やシステム全体を犠牲にしてまでも生き残ることが目指される。なぜなら、周囲の国々との協力やシステム全体への配慮は、そのユニットが生き残るための必要条件ではなくなるからだ。

このような分析を施すと、国際政治学の拠って立つ「主権国家による秩序」が、現実の客観的な叙述というよりも、個体主義を現実世界へ投影することで生まれた「概念的な構築物」であることは明らかだろう。ここでいう個体主義とは、社会の成り立ちを物理学的な類推によって説明するモデルであり、およそ物質や事象は構成要素としての最小単位に分解することが可能であり、その最小単位は互いに他に還元し得ないし、それ以上に分割され得ない、という社会観と定義される。ウォルツの意識が及ばなかった、逆にコンストラクティヴィズムやリフレクティヴィズムが提示しようとしたものとは、国家が国際システムを構成する主体であると同時に、「システムによって生かされている」、あるいは、システムが保全されるかぎりで存続が許される、という視座であった。つまり、国家の独立性、それに伴う自己の優先は、リアリストがいうような平和が成立しない原因なのではなく、むしろ政策担当者が不確実性というシステムの性格を、衝突や和解不可能と即断し、協業や win-win 関係の可能性を閉ざすほど、さらに衝突するに充分なほど自らの殻を強化し、壁を高くしたことの結果にほかならない。

言い換えると、国際関係がアナーキーとみなされるのは、構造が行為者に協力関係を選択しないように仕向けるからではなく、国家が独立した存在であるという認識の背後に、「独立した存在にならなければならない」という価値判断が忍び込み、国家へ安全保障という殻を構築するよう推奨し、また協力のオプションには低いプライオリティを与えるように、また他国の意識変化や他国からの平和共存に向けた呼び掛けには疑いの目を向けるように、助言するからであった。それが、国家間の協力や信頼醸成に向かう変化を、リアリストが汲み上げようとしない理由である。

国際政治学それ自体が、国家の歴史的な変化という現実から遠ざかっているという点は、コンストラクティヴィストの立場から現実の国家の生成や発展を振り返り、その国家の主権が持つ対外的な意義を読み解いても明らかとなるだろう。たとえば、アジア、アフリカの新興独立国の主権は、他者による法的ないし事実上の承認がなければ、効力を持ちえない。かれらが他国による承認なしで、つまり自助努力のみによって国家を築いたり、安全を確保したり、個別アイデンティティを確立することは難しかった。

しかるに承認とは、他者がいて、かつ他者とのコミュニケーション、他者との間柄についての法的なシステムがあらかじめ確立されていなければ為し得ない行為である。このことは、国家が自我やアイデンティティによってではなく、むしろ他者との法的な関係の中でその独立を獲得することを意味している。より一般的にいえば、主権国家のほぼすべては、独立の尊重、主権の平等、領土不可侵、武力不行使などで構成される国際法的な価値観あるいは、それに権威を付与する国際システムが、国家の独立や自決の正当性を認めるまでは、あるいはそのシステムの権威を諸国家の大勢が認めるまでは、自助の前提となるアイデンティティを確立し、安定した生存の基盤を手に入れることはできなかった。

国際規範やその内部化によって、リアリストが予測しなかった変化や新しい現実が生まれるという点については、アクターを枠付け、変化を生み出す要因の中に、経済や安全保障という物質的要因のみならず、(国際)社会規範をも含めたM・フィネモア(52)をはじめ、中国が国際規範を内部化してゆく過程を描いたA・ジョンストン(53)、国連安全保障理事会が規範制定の役割を果たしていることを論証したI・ハードなどの(54)、それを支持する論考が国際関係論から提出されている。

フィネモアが注目したのは、ILO（労働規範）、UNESCO（教育規範）、WB（貧困解決についての規範）などの国際機関を通じて、国際社会規範が国家やその内部の団体に伝達されるプロセスであり、各国家がその遵守を義務だと考えるようになる意識変化である。フィネモアの指摘では、国際機関は、国際政治学が定義するような国家間組織として国家の合意を推進するだけの調整機関ではなかった。それは、より重要な国家行動の変化についての動因となり得る。それはすなわち、問題の発掘、アジェンダの設定、スローガンやロードマップの作成などを通じて、国際関係に上方向の変化を生むように働きかけ得る。

人間の安全、保護する責任、持続可能な発展、レジリアンスなどは、国際機関のアイデアやインセンティヴにより推進されたものだが、これが多くの国家の政策担当者へも規範として内部化され、それが各国家に行動目標を修正ないし調整させて、各国家が協和的になるように導いているのである。それは同時に、各国家の中に「国際社会の公民」というアイデンティティが発芽して、かれらが国際社会的な義務を自覚してゆくプロセスでもあった。

これらの意味において、国際的権威の存在は、主権国家が国際システムの究極のユニットではないことを示唆している。主権国家は、権威をもとにした関係という社会システムに組み込まれており、そこで諸国家が、他の諸機関に対して従属的な関係に立つこともある。(55)

このかぎりにおいて、主権国家のアイデンティティや行動目標設定そのものに、相互主観性の産物であるところの国際規範が影響を与えているし、われわれが目にする協調的姿勢の多くは、国際規範の定着が促した変化の結果でもある。今日、国家の安全とそれを支えるアイデンティティは、一部の超大国を除けば、軍事力よりむしろ「軍事力の行使を禁ずるための、また各国が自助努力のために使う軍事手段を制限するための国際制度」によって確保されたと考えることができよう。

おわりに

S・ホフマンの愛弟子で、『現実主義の国際政治思想』を著したM・J・スミスは、リアリズムの思想をウェーバーからキッシンジャーまで辿ったのちに、かれらの前提や理論の傾向が相互に類似しているにもかかわらず、ベトナム戦争など具体的イシューに対する態度に開きがあることを突き止めた。スミスはそこから、かれらの呈示したリアリズムには主観的な選好が色濃く反映されており、したがって、相互の差異がその価値観の違いに由来するものであることを明らかにした[56]。

それでは、リアリズムは何をどのように修正すれば、価値観バイアスを自覚し、かつ変化という現実との接点を保つ豊饒な理論になるのか。その方法は、メタ理論を内部に持つことによる認識論的な自己反省以外のものではあるまい。現実を観察する者の意識が、一つの個別かつ特殊な構造（ウォルツの場合は、冷戦という構造を構成していた一角であるアメリカ）によって刻印されているという自覚があれば、またそこに省察の目を向けることができれば、より有効な現実認識に近付くことが叶うだろう。

実際に、リアリストの中でもG・ローズが「新古典的リアリスト」(neo-classical realists)と呼ぶ、R・ジャービス、J・スナイダー、A・ウォルフォースは、ユニットレベルにおける政策担当者の心理や意識変化などを変数として加えようとしている。(57) さらに、リアリストの幾人かがそのような省察を経てリフレクティヴィストとなり、国際関係論においてそれまで触れられることのなかった現実を掬い上げ、さらに学問や実践において変化を生み出すことに貢献している。たとえばリアリズムの指向性が強い英国学派にも、T・ダンのようにコンストラクティヴィズムや相互主観性という視点を取り入れて国際社会の形成を論じ、その国際社会が国家アイデンティティを枠づけると論じた理論家がいる。(58)

また、H・ブルのベリオール・カレッジの教え子には、フーコーの系譜学を国際関係論に応用し、外交、テロなどの概念の中にこれまで国際政治学で注目されなかった現実を組み入れようとしているJ・ダーデリアンがいた。(59) さらに、アイデンティティと戦争的な世界観の形成とを関連付け、欲求、自尊心などの意識に注目しながら国際秩序の生成を論ずる『国際関係の文化理論』を著して、欲求、精神、理性、恐怖などの精神作用に注目しつつ、古典古代から中世、近代を経てブッシュ米元大統領時代までの国際政治の歴史的変化を描いたR・N・ルボウのような国際関係論者も、新しいリアリストの範疇に収まるだろう。(60)

逆説的ながら、反省論的な認識を組み込んだこのようなリアリスト(もしくは元リアリスト)たちが注目を集め始めていることは、リアリストがむしろ「国際政治学という学問パラダイム」を省察し、その呪縛を振りほどいたときに、新しい可能性を開花させることを示しているように思われる。

注

（1） Georg Sørensen, 'Big and Important Things in IR: Structural Realism and the Neglect of Changes in Statehood', in Ken Booth (ed.), *Realism and World Politics* (New York: Routledge, 2011), pp.89–123.

（2） リアリストの根幹を成すアナーキカル・モデルへ、コンストラクティヴィストが浴びせた代表的な批判として以下がある。Alexander Wendt, 'Anarchy is What States Make of it', in *International Organization*, Vol.46, No.2 (spring), pp.391–425.

（3） Kenneth Waltz, 'Theory of International Relations', in Fred I. Greenstein and Nelson W. Polsby (eds), *Handbook of Political Science, Vol.8, International Politics* (Reading, MA: Addison-Wesley, 1975), p.46.

（4） Kenneth Waltz, *Theory of International Politics* (New York: McGraw-Hill, 1979). 河野勝・岡垣知子訳『国際政治の理論』（勁草書房、二〇一〇年）、一一七頁。

（5） ホッブズ、本田裕志訳『市民論』（京都大学学術出版会、二〇〇八年）、四頁。

（6） 同書、五頁。

（7） ロック、加藤節訳『統治二論』（岩波書店、二〇〇七年）、二〇四頁。

（8） Hedley Bull, *The Anarchical Society: A Study of Order in World Politics* (London: Macmillan, 1977). 臼杵英一訳『国際社会論——アナーキカル・ソサイエティ』（岩波書店、二〇〇〇年）、五七—五八頁。

（9） ルソー、宮治弘之訳「戦争状態は社会状態から生まれるということ」『ルソー全集 第四巻』（白水社、一九八七年）、三七二頁。

(10) ルソー、宮治弘之訳「戦争についての断章」、前掲書、三九六頁。
(11) ルソー「戦争状態は社会状態から生まれるということ」、前掲書、三八三頁。
(12) ヒューム、小松茂夫訳「政治的社会について」『市民の国について』（岩波書店、一九五二年）、二三三、二三九頁。
(13) 同書、二三三頁。
(14) カント、樽井正義訳「国際法――法論の第二部公法」「法論の形而上学的基礎」『人倫の形而上学』『カント全集11』（岩波書店、二〇〇二年）、二〇二頁。
(15) カント、篠田英雄訳「理論と実践」『啓蒙とは何か 他四篇』（岩波書店、一九五〇年）、一八三頁。
(16) David Armitage, 'Hobbes and the foundations of modern international thought', in Annabel Brett and James Tully (eds), *Rethinking the Foundations of Modern Political Thought* (Cambridge: Cambridge University Press, 2006), pp.219–235.
(17) Ibid.
(18) ヘーゲル、長谷川宏訳『法哲学講義』（作品社、二〇〇〇年）、一二八頁。
(19) 同書、一二八頁。
(20) C・シュミット、新田邦夫訳『大地のノモス――ヨーロッパ公法という国際法における』（慈学社出版、二〇〇七年）。
(21) Isaiah Berlin, 'Realism in Politics,' in Henry Hardy (ed.), *The Power of Ideas*, 2nd Edition (Princeton: Princeton University Press, 2013). 小田川大典訳「政治におけるリアリズム」『思想』、二〇一一年六月号、五九頁。
(22) 同論文、六〇頁。
(23) Michel Foucault, 'Il faut défendre la société', *Cours au Collège de France, 1975–1976* (Paris: Seuil/Gallimard, 1997). 石田英敬・小野正嗣訳『社会は防衛しなければならない』（筑摩書房、二〇〇七年）、八九―九三頁。
(24) 以下のA・F・ラングの論文は、モーゲンソーがアリストテレスの「思慮」の概念から強い影響を受けていたことを論証している。Anthony F. Lang, 'Morgenthau, agency and Aristotle', in Michael C. Williams, *Realism Reconsidered: The Legacy of Hans Morgenthau in International Relations* (Oxford: Oxford University Press, 2007), pp.18–41; なお、M・ワイトは、バークを合理主義者として位置付けたばかりでなく、モーゲンソーとケナンを、他国の利益を「尊重する」という道徳的任務に言及していることを証拠に、「合理主義者の領分に片足を置いて」いると評した。Martin Wight, *International Theory: The Three Tradition* (Leicester University Press, 1991). 佐藤誠ほか訳『国際理論——三つの伝統』（日本経済評論社、二〇〇七年）、一六八頁。

（25）Charles Beitz, *Political Theory and International Relations* (Princeton: Princeton University Press,1979). 進藤榮一訳『国際秩序と正義』（岩波書店、一九八九年）、五二—六八頁。

（26）ウォルツ、『国際政治の理論』、一三六頁。

（27）同書、一七頁。

（28）同書、一〇六頁。

（29）同書、一〇七頁。なお、オヌフのように、ウォルツのこのような抽象法は、むしろカント主義の応用に近いと解釈する者もいる。ウォルツ自身が、「私は実証主義者よりカント主義者に近い」と述べたこともある。Onuf, 'Structure, What Structure?', in Ken Booth (ed.), *Realism and World Politics* (New York: Routledge, 2011), pp.89–106.

（30）同書、二一頁。

（31）同書、一二七頁。

（32）同書、一四一頁。

（33）同書、一四一頁。

（34）同書、八七頁。ウォルツ曰く「何千年にもわたって世界のあり方の質が驚くべきほどの同一性をもっているのは、永続的なアナーキーという国際政治の特徴による」。

（35）John J. Mearsheimer, 'The False Promise of International Institutions', in M. E. Brown et als., *The Perils of Anarchy:*

Contemporary Realism and International Security (Cambridge: Cambridge MA: Massachusetts Institute of Technology Press, 1995), p.371.

（36）ウォルツ、前掲書、一二八頁。

（37）Robert Keohane, *After Hegemony: Cooperation and Discord in the World Political Economy* (Princeton: Princeton University Press, 1984).「ウォルツは、アナーキーにおいて如何なる調和をも自動的にもたらされることはないと述べているが、このようなものの見方は、協力関係が生ずるかどうかの見通しについて、何か決定的なことを我々に教えてくれるわけではない」p.51–52.; Keohane and Joseph Nye Jr. *Power and Interdependence: World Politics in Transition* (Boston: Little, Brown and Company, 1977).

（38）Richard Ashley, 'The Poverty of Neorealism' in *International Organization*, Vol,38, No.2.(1984, Spring), reprinted in 1986, p.258. アシュリー曰く、「ネオリアリズムは、政治的な相互行為から、社会的学習や創造的変化を可能にする実践的能力を、奪い取るものである」; Robert W. Cox, 'Social forces, states, and world order: Beyond international relations theory', in *Millenium: A Journal of International Studies*, Vol.10, No.1, 1981, pp.126–155.

（39）Alexander Wendt, 'Identity and Structural Change in International Relations', in Yosef Lapid and Friedrich Kratochwil, *Return of Culture and Identity in IR Theory* (Boulder and London: Lynne Rienner Publishers, 1996), pp.53–54.

（40）ウォルツ、前掲書、六三―六四頁。

（41）S・ホフマン「国際政治におけるリアリズムとアイデアリズムを超えて」、中本義彦編訳『スタンリー・ホフマン国際政治論集』（勁草書房、二〇一一年）、一三一頁、一三二頁。

（42）Barry Buzan and Richard Little, 'Waltz and World History: The Paradox of Parsimony', in Ken Booth(ed.), *Realism and World Politics* (New York: Routledge, 2011), p.295.

（43）Anthony Giddens, *The Constitution of Society: Outline of the Theory of Structuration* (Berkeley and Los Angeles: University of California Press, 1986).

(44) ウォルツ、前掲書、五二頁。
(45) 同書、一二六頁。
(46) 同書、一二六頁。
(47) 同書、一四六頁。
(48) 同書、二七二頁。
(49) 同書、二七七頁。
(50) Keneth Waltz, 'Structural Realism After the Cold War', in Waltz, *Realism and International Politics* (New York and London: Routledge, 2008), p.197.
(51) 押村高『国家のパラドクス——ナショナルなものの再考』(法政大学出版局、二〇一三年)、九六—九八頁参照。
(52) Martha Finnemore, *National Interest in International Society* (Ithaca: Cornell University Press, 1996. p.128; Michael Barnett and Finnemore, *Rules for the World: International Organizations in Global Politics* (Ithaca: Cornell University Press, 2004). p.162.
(53) Alistair Johnston, *Social State: China in International Relations, 1980–2000* (Princeton: Princeton University Press, 2008).
(54) Ian Hurd, *After Anarchy: Legitimacy & Power in the United Nations Security Council* (Princeton and Oxford: Princeton University Press, 2007).
(55) Ibid., p.63.
(56) Michael Joseph Smith, *Realist Thought from Weber to Kissinger* (Baton Rouge: Lousiana State University Press, 1986). 押村高ほか訳『現実主義の国際政治思想』(垣内出版、一九九七年)。
(57) Gideon Rose, 'Neoclassical Realism and Theories of Foreign Policy', in *World Politics*, Vol.51, No.1, October, 1998, pp.144–72.
(58) Timothy Dunne, 'The Social Construcion of International Society', *European Journal of International Relations*, Vol.1, No.3, September 1995, pp.367–89.
(59) James Der Derian, *On Diplomacy: A Genealogy of Western Estrangement* (New York and Oxford: Basil Blackwell, 1991).

（60）Richard Ned Rebow, *A Cultural Theory of International Relations* (Cambridge: Cambridge University Press, 2008).

第2章　グローバル社会論は新たなパラダイムとなり得るか

はじめに

国際政治のリアリズムを思想的に乗り越えようとする者は、国家をグローバル社会の主体とみなすことに異議を申し立てている。第1章でみたように、かれらは、国家に分析対象としての特権的な地位を与えるリアリストたちが、多元性や機能分化というグローバル社会の現実との接点を失いかけている、とも主張する。さらにかれらは、国家の至上性に揺さぶりをかけるために政府権能を抑制する方法を模索し、他方で国家に代わる自発的な集団や団体、市民社会により多くの役割を見出そうとする。

それらのアンチ・リアリズムのうち、とくに国家を媒介としない、あるいは国家を越える人間関係の緊密化に注目し、リアリズムに代わるパラダイムを提出しようとする人々をソサエタリアン（社会尊重主義者）と呼ぶことができる。なお、国境という枠を暗黙の前提にして自由を擁護するリベラルやデモクラートと距離をおき、社会の外延を地球大にまで広くとるものが「グローバルな」ソサエタリアンである。(1)

グローバル・ソサエタリアンの基本的特徴とは何か。個々人をも含め、市民、団体、国家、地域機構、国際機関によって多元的に構成されるグローバル社会が稼働を始めており、それが国内社会のような政治的中心を持たぬまま成長し、持続し得ると考えていることである。その主張の背後には、国家を越える社会が、どの社会にも見られなかった特徴を有し、したがってどの国内社会とも似つかぬものになる、という認識が横たわっていた。(2)

しかしながら、グローバル社会が国家システムとは別の論理で稼働し得るのか、あるいは国家に対して自立性を持つかどうかについては、否定的な見解も多い。現実には、国家の組織力により維持されている社会、国家が市民権を付与した人々のみが構成している社会も多数存在する。くわえて、世界国家や世界政府なしでグローバル社会が生成し持続し得るかどうかという疑問も、解答なきままに残されている。

そこで本章では、グローバル化された人間関係を言い表わすのに、共同体、共和国、ネットワーク、地球村（R・フォーク）、世界社会（N・ルーマン）、世界コミュニケーション（N・ボルツ）などよりも、グローバル社会という用語が相応しいかどうかを検討したい。(3) そのさいに、グローバル社会という概念が現状維持の論理を越えるパラダイムを提供する可能性があるかどうか考察してみたい。併せて、グローバル社会論を一つのアプローチとして確立するために、国内社会との類推に頼る傾向それ自体を改める必要がある点をも指摘したい。

1　国家の外に社会は存在しないというテーゼについて

伝統的にリアリストは、本書第1章でみたように国家の内と外とを区分けし、われわれが領土内で目にするような秩序立った社会が国家の外には存在しない、と断言してきた。あるいは、外枠や区画を持たない集団や空間があるとしても、それは無政府的な状態に置かれるだろうと推論してきた。かれらによれば、グローバルな人間関係は、構造や持続性において社会と呼ぶことができぬほど脆弱である。

社会を、国内社会との類推によって個々の構成単位（個人）の集合体とみなし、同時に自発的な約束事や規則によって運営され、何らかの共通目的で結び合った集団と定義した場合、人類が一社会を構成すると考えることは難しいかもしれない。リアリストの中でもホッブズのように「強制できぬものを規則とみなすことはできない」と語る思想家にとって、約束の履行を強制できる、あるいは不履行を処罰できるリヴァイアサンのいない空間に、システムは存在しても社会は存在しないことになる。

さらに領土内で自然状態を終息させて社会状態を樹立するのに熱心だった社会契約論者において、

国家相互の関係を社会と呼ぶなどとは思いもよらぬことだった。なぜならば、個々人が契約を結ぶ以前の状態がかれらによって「前社会的」(pre-social)と形容されたのに加えて、国家を横断する社会を生むための契約は、契約論者のみるところヨーロッパ内においてさえ締結が不可能と思われたから。その意味で、契約の履行の保障を生まない国際関係は、かれらによると「永遠に」社会以前の状態に留まる。(4)

世界を「社会ではなく闘技場である」と理解するステイト・リアリストに挑んできたのが、ソサエタリアンだとするならば、その流れには複数の系譜がある。リアリスト理論の妥当性に疑いを抱く人々は、社会の意義を復権させることと同時に、肥大化し、暴走する恐れのある国家を相対的に弱めることに腐心してきた。そこでかれらは、強制や制裁の脅しによってではなく自発的に組織化をおこなう人々の集合を市民社会と名付け、それを理念化し、実現するために、リベラルや左翼とも連携することができた。(5)

国家嫌い(state phobia)とも形容されるかれらは、自発的な市民が結合すれば社会を形成することができると考え、その目的を確実に実現するため、国家による干渉を最低限度に収める必要があると感じた。いずれにしても、かれらが国家政府を弱めようとしたのは、市民社会の自発性や市場の自律メカニズムに期待したからであり、政府が退場しても秩序が攪乱される恐れがないと考えたからである。

これとは別に、リベラルとはいえないが学問的な動機から、個人と国家という二分法では説明のつかない人間の有機的なつながりが社会に宿っている、と唱えた者もいた。A・コント、H・スペンサー、E・デュルケーム、G・ジンメルなど社会学の誕生や発展に寄与した者たちである。[6] かれらはまた、分析対象として国家へ過度の注目が集まることへ不満を抱き、人間の交歓関係が、個人の論理にも国家の論理にも収斂しない何かを持っていることに、注意を向けようとした。

かれらの狙いは、社会的行為の特質を解明するために、社会を分析対象として掬い上げることであった。そしてこの努力は、学問運動や社会思想として継承され、社会科学者の目を国家中心主義から引き離すことに一定の効果があった。実際、のちに紹介する英国学派の国際社会論や「グローバルな国際社会論」[7]（global international society）という領野は、社会学が切り拓いたメソッドを、グローバルな人間関係へ応用したものということができる。

とはいえ、政府を嫌うリベラルも、国家と個人の二極化を恐れるソサエタリアンも、その多くが、自由の保障される場として、さらには最大多数の人間が自由を享受できる空間として、疑いなく閉じた国民国家を想定していた。社会学者のG・デランティによれば、近代主義者たちにとって、近代が生成する過程の中で、社会や共同体が国家なしでは存続することができなくなったという認識は、ある程度自明なものとなっていた。トータルなコミュニティを領土政府によって創ろうとした二〇世紀の全体主義は、むしろその近代主義への応答として捉えることができる。[8]

哲学の近代リベラリズムの系譜の中にも、市民社会を国家の内部でのみ成立、維持が可能なものとみなす傾向を認めることができる。自由の思想家と呼ばれるスピノザは、理性的人間の自由は国家のもとでのみ実現されると考えていた。[9] 総じて社会契約説は、ルソーを読めば明らかになるとおり、主権のもとでの理性的個人(契約者)の自由という図式を展開していた。さらに現代の社会契約論者J・ロールズもまた、人権の保障を考えるさいに、「閉じて、かつ自己完結したリベラルな民主社会」や「政府によって組織された法人型団体としての人民」を前提にしていたのである。(10)

2　国際社会論とは——リアリストの発想から生まれたシステムと社会

国家間の社会、あるいは国家を越える社会という発想は、ヨーロッパ文明の性格についてのリアリストの分析から生まれた。たとえば、国家間関係における道義の存在を疑い、また地球的公共性を空疎な概念とみたヘーゲルが、ヨーロッパ社会の成長という視点を持っていたことは興味深い。

ヘーゲルはそもそもヨーロッパを、相互承認のための闘技のアリーナと捉え、いったんは共通の目的を持たない空間と位置付けた。すなわち、各国家が固有の目的を追求するという偶有性があるため、何人も国家横断的な社会については予測することも、ましてやデザインすることもできない。このような社会に、万人の利益となるような秩序や安定を期待することは理に適うことではない。不確実性という基調の中での平和についていうならば、人智や人為によって可能なのはたかだか覇権による平和のみだった。

しかしながら、このように言うヘーゲルに、別次元でヨーロッパ家族社会という概念が抱懐されていたことは注目に値する。ヘーゲルいわく、ヨーロッパ国民は、「その立法、習俗、教養を同じくすることによって一つの家族を形成しているから、相互に悪事をなすことが主流をなしたかつての時代とは、互いの付き合い方が変化してきている」[11]。なぜヘーゲルはヨーロッパ家族などという概念を持ち出したのか。なぜならば、非西洋の文明と比較したとき、ヨーロッパが文明社会に近い一面を持っていたからである。

ヨーロッパが戦争に明け暮れた結果として、「国家間戦争の性格を鈍化させる」ような文明的関係を構築してゆくというこの発想は、シュミットにもみられる[12]。ヨーロッパ人は暴力の応酬という経験を重ねる中で、そこに生ずる悲惨さや残虐性を軽減することを思い付いた。戦争そのものが悪だという共通認識に達したわけではないが、戦争の害悪や残忍さを減ずるという目的や約束だけは共有することができた。ヘーゲルにもシュミットにも、ヨーロッパ文明の優越の証としての国家間関係の「社会化」、という意識の芽生えを読み取ることができる。

そのようなヨーロッパの性格付けは、主権国家相互の関係の穏和化という考え方に依拠しながら、ヨーロッパに社会概念を導入したH・ブルに受け継がれてゆく。すなわちブルは、社会の成否を測る指標として、秩序が目標に設定されているか、それをもたらすために所有権が保護されているか、恣意的暴力からの保障がなされているか、そして約束の遵守を期待できるか、などの基準を掲げ、その上で、社会を示すそれらの特徴がヨーロッパに存在していることを、「諸国家による社会」という概念を使って示そうとしたのである。

ブルはJ・ロックの自然状態論にヒントを得て、社会以前の状態は中央権威を欠くものの、混沌というわけではなく、それなりの秩序であるという見方を呈示した。『政府なき社会』（*The Anarchical Society*）という主著のタイトルに表われている通り、中央政府がなくとも、社会と形容してよいものは存在している。逆にパワーという観点から国家の自律性のみを重視するリアリストは、ブルによると、第二次世界大戦後の現実やその変化を説明し切れてはいない。なぜならば、現実において国家は、他国家によって、あるいは国際機関によって道義的に拘束され始めているからだ。

さらにブルの国際社会論が、理想主義者への批判をも意図していた点は劣らず重要だろう。というのも、この国際社会の中で各国家がもはや無規制に行動できない以上、理想主義者（ブルはカント的伝統と呼ぶ）のように国家を非道義的存在として批判しその解体を求めたり、国家の権限を弱めたりするような急激な変革は必要とされないから。[13] 要するにブルは、リアリストと同様な前提から出発しつつも、他方では諸国家が今日、自発的に義務を守り、他国の領土を尊重していることを根拠に、国際政治に社会としての特徴を見出すことができた。

もとより、近代以降ヨーロッパで成立した諸国家による社会は、いわゆるリアリストの描く「システム」に近いように思われる。しかし、リアリストの「システム」とは異なる「社会」を、ブルは二〇世紀のヨーロッパに見出していた。[14] すなわち、前者が勢力の均衡をもとにした自己維持であるのに対し、後者は各国家の同意にもとづく、また共通利益の尊重とルールの遵守によって築かれる関係であり、その中で一定の信頼が機能する。その点で、諸国家による社会は、かぎられた範囲ではあるが、国内の社会（先進デモクラシーの市民社会）と似た特徴を持ち始めている。

それでは、共通の価値観が不在である場合に、中央政府による強制がなければ社会は成立しないと主張するリアリストに、ブルはどのように反論したのか。この問題にブルは、各国家が制度をそれなりに内面化させている点を思い起こすことで応答してゆく。すなわち、ロックの描く自然状態の人間が、内部の法廷である道徳的良心に従って行動するのと同様、各国家もまた、つねにというわけではないが、内面からの道徳的な規制の働き掛けによって、良心を持つ個人のように行動すると期待される。[15] そのさいに各国家は、国際的な公共にコミットし他国を慮ることが、損になると考えてはいない。

言い換えると、社会における個人相互のごとく、一国家は他国家の決定や政策に抑制的力を及ぼすことができる、とブルはみている。協力、同調、批判、牽制、圧力などの形で、国家同士は相互行為を行っており、それが各国家へ、道義に反する行動を躊躇させる、と考えたのである。外交、戦争などの形で、各国家が時としてパワーを行使し合うという点ではリアリストと立場は同じだが、ブルは、諸国家が国際法の同等な主体として互いを認め合い、外交交渉を行うことにむしろ市民社会的側面をも読み取っていた。とりわけ「国際社会の世界大の拡大」とともに、二〇世紀の諸国家のエリートのほぼすべてが、このような習慣や慣習を共有するに至ったとされる。[16]

このように、冷戦中にもリアリズムに立脚しながら、ヘーゲル流の歴史の上方向への展開、非（前）社会から社会への転換という歴史観を共有し、さらにコンストラクティヴィズムに近い観点から、意識変化による社会的関係の成長を認めた者がいたことは重要だろう。

ここで再度強調されるべきは、ブル以降の英国学派が、ブルにならって国家間システムと国際社会を等視してはいないことだ。K・ウォルツ流のシステムが、均衡とそれへの復帰という概念に支えられ、道義的な進歩とは無縁な概念であるのに対して、ブルのいう社会は、慣習や文化の国家横断的共有によって、秩序の規範化が期待できるような状態だ。この点で、ブルの社会はシステムそれ自体ではなく、システムをより安定させる地盤として描かれている。(17) なぜならば、社会はメカニックな繰り返しによって均衡や秩序を維持するシステムではなく、いましがた述べたように、上方向の変化、つまり成長を経験することができるからである。

英国学派の一員であるA・ジェイムズもまた、両者の違いについて次のように述べている。国際社会とは、その構成員の行動や反応を反映するものであり、そしてその構成員は「彼ら自身の計算、希望、目的、信念、不安、恐怖、そして他の人間を取り巻く条件の諸要素によって影響を受ける」。それゆえ、「諸国家の集まりを概括する言葉として主意主義的な内包を持つ社会の方が、システムよりも相応しい」。このようにして、英国学派の国際関係論者たちは、国際社会という分析視角を定着させていった。(18)

もっとも、英国学派の研究者たちは、行為者の動機や意図を重視し、さらに規範の慣習化を認めてはいるものの、それを共通目的としての正義という言葉で呼ぶことへは躊躇いを隠さない。このことは、ブルが思索した当時、冷戦の価値対立に加えて、第三世界の台頭が脱植民地主義的な正義、歴史的不正に対する正義を打ち出し、欧米先進諸国との激しい衝突がみられたことと無関係ではない。したがって英国学派の多くは、「秩序を正義より優先した」ブル以降、国際社会を共存システム以上の何かとはみなしたが、共通善や共通目的あるいは、共通の正義のもとに運営される共同体とは捉えなかった。

ブル自身が、ヨーロッパで生まれた国際社会が外延を拡げるさいには、非西洋による異議申し立てや、西洋と非西洋の価値観の緊張により、その特質が変化してゆくことを承知していた。他方で、ヨーロッパ国際社会の構図が、他の地域の国家間システムに代わって、あるいは覆いかぶさるように拡大した場合に、拡大した国際社会が、ヨーロッパ的な国民アイデンティティを共有する集団のみによって構成されるわけでも、主権を確立した国家のみによって構成されるわけでもないことを了解していた[19]。

言い換えると、今日の国際社会は、自助が可能な国家のみが加わっているわけではない。そこには、反主権国家、疑似主権国家、破綻国家など、主権が充分に機能することはないが、ともかくも国際社会により国境や政府の正当性を認められたものが参加している。そのような拡大の結果を見越してブルは、もし世界を包摂する国際社会が誕生するとしたら、かなり結びつきの弱いものとなると予測していた。

ただし、正義よりも秩序を優先したブルだが、人類社会という発想がかれになかったわけではない。かれは、「人類全体の間での秩序とは、国家間秩序よりも何か幅の広いもの、何かいっそう根本的で原初的なものである[20]」と記し、同時に、人類全体が国家間秩序よりも「道徳的に優先されるものである」と論じている。「もし国際秩序が、価値をもつとすれば、それはただ、その秩序が人間社会全体における秩序目標にとって役立つものという理由からのみである」とブルが述べていることを根拠に、[21] かれが国際秩序は modus vivendi であり、さらには道具的価値であると考えていたと、英国学派のひとりW・ベインは解釈する。[22] このように読み込んでゆくと、ブルは国家秩序の先にある真なる価値目標として、人類社会の秩序をも心に描いていた、と考えることができる。

3　英国学派のその後の貢献

英国学派の後継者は、アメリカ国際政治学の国家システム論や国際秩序論に対抗して、「国際社会論」を学派の専売特許として受け継ぎながら、そこに多様な論点を付け加え、概念に厚みと広がりを加えていった。その貢献としてはまず、非西洋も含めた地域的な国家横断社会の生成を古代より辿ったA・ワトソンの『国際社会の展開』（*The Evolution of International Society*）[23]、また、国際社会の正当性について包括的研究を手掛けたI・クラークの『国際社会の正当性』（*Legitimacy in International Society*）などを挙げるべきだろう。[24]

さらに、LSE教授のB・ブザンが中心に行っている、社会学の手法である分化（differentiation）の分析を、ユニット間の結びつきの弱さが特徴の「拡大された国際社会」へ導入する一連の研究も、国際政治学とは別の角度からなされた国際関係論への貢献として高い評価を受けている。[25] それらの分析は、いずれも社会学から借用した三つの視角より構成され、その三つは異なった論理構造を持っていた。

第一にかれらは、ユニットの地理的区画という考え方を、国家以外のものへ応用してゆく。陸地のほぼすべてが国家によって分割され、水平的に区分けされたヨーロッパ社会においては、それを「類似のユニット」が構成する社会と捉え、そのユニットが平等であると仮定することに問題はなかった。しかしながら、グローバルな国際社会をして、類似した平等なユニットの集合と定義することは、たとえ国際法上の主権平等という原則が確立されていたとしても現実味が乏しい。

そこで英国学派は、全体の構成要素としての区画という概念を、領土国家以外のユニットの相互関係の説明にも用いることができるよう、拡張したのである。たとえば輪郭を顕しつつあったスカンジナビア、ラテンアメリカ、アラブ、東南アジア、オセアニアなどの地域社会に着目し、それらの地域的な集合体が構成するサブ国際社会、ないし国家横断的な地域社会の内部構造にも目を向けた(26)。のみならず英国学派は、たとえば非同類ユニットによる地理的な色分けとして、イデオロギー対立を伴う冷戦中の西と東の関係も、社会的相互行為の一つとして、アメリカ国際政治学のパワー・バランスとは異なった視点で研究対象に加えていった。

第二にかれらは、社会学からヒントを得て、同じ国際社会に暮らす各ユニットが、地位や資源へのアクセスという点でどのような、またどれほどの上下関係に置かれているかに関心を払う(27)。主権平等原則を文字通りに解釈して諸国家の配置図を描くのではなく、諸国家が実際に覇権、優越、並列、劣位などの位階構造を持つことを帝国主義論以外の立場から明らかにしたのも、かれらの業績である。

しかもその上下関係は、ウォルツのいうような均衡への復帰という力学を内に含むわけではなく、むしろ縮小、拡大のいずれかの傾向を持つものが一般的だった。

英国学派はとくに、一九四五年まで続いた「西洋という植民者」と被植民者という上下関係が、植民支配が終焉した後にどう変質したかに注目する。かれらによるとその構造は、戦後「西洋というグローバル化促進者」とそれ以外という関係に転換されてゆく。二一世紀に入って中国やインドがグローバル化推進勢力の核に加わったとみなせば、「拡大されたコア」と「それ以外」という構図で国際社会の内部構造を分析することが可能となる(28)。

第三にかれらは、国際社会を機能的分化という側面から分析している。これは、社会の分業や役割分担という社会学の考え方を国際関係に応用したものといえる(29)。機能的分化論は、いわゆる問題領域やイシュー領域の分岐を社会の成熟の度合いと捉え、国際社会がどの程度国内社会の構造に近付いたかを測るために有効なアプローチだと考えられる。

深刻化する地球的課題に応じて、新たに組織性を高める国際小社会は、一つの領域に特化し、それぞれが役割を分担し、なお相互に影響を及ぼし合っている。たとえば、法、市場、外交、さらには、エネルギー、環境、原子力、食料、衛生などの機能を司る組織が、全体から分離されてゆくプロセスは、国際社会が分業社会の特徴を持つに至ったことを示す。なおこれらの分化の進展は、国内社会の分化の進展ともパラレルであるとみなされる。言い換えると、イシューに応じて機能的社会の形成が進んでいることを分析しつつ、英国学派は国内社会と国際社会との連関や相似性を解明しようとしたのである。

これら三つの分析を総合すれば、国際社会の強度、すなわち統合が強化されているのか、また分散に向かっているのかをも、言い当てることができる。英国学派は、国際社会の多文化世界への拡大過程において、いわゆる国家横断的慣習やルールの共有が困難になってゆく傾向と、国連憲章への各国の加盟や調印による制度化によって、また、国家横断的なエリートによる規範の共有や内部化によって、結合が強化されてゆく傾向の、両者を視野に収めている。国際社会を、これら二つのモーメントのせめぎ合いとして分析する視点は、今日なおその有用性を誇り得るだろう。

4　国際社会論からグローバル社会論へ

今日、欧米や日本などの先進諸国において、グローバル化がインターネットの普及とも相俟って、国境や国家の管轄権にとらわれないネットワークの構築を容易にした。これらの変化は、より市民の自発性に即した社会が形成される可能性をもたらしている。たとえば、コミュニケーション技術の発達の恩恵を受けた人々は、国家の内部あるいは外部で新たな帰属心や忠誠心を育むことができる。かつて国家がインフラを作り、コミュニケーション言語を定め、公立学校や国内マスメディアがお膳立てをしていた市民間のコミュニケーションが、それらを越えた次元でも縦横に展開されるようになった。

アイデンティティとの関連でいえば、人々のアイデンティティは、国境を越えた宗教や文明にも向から。たとえば、イスラーム諸国を横断して「復興運動」が勢いを増し、北アフリカ、中東の勢力地図を塗り替え、その他の宗教も、どれほど世界的にみてマイナーなものであっても、国家横断的なネットワークを活用して布教拡大のチャンスを活かすことができる。途上国、先進国を問わず、先進的な人々は領土という近接性がもたらす集合意識から離れて、ヴァーチャルかつ開放的な仲間集団を形成し始めている。

アイデンティティ共有の広域化によってネットワークで結ばれた人々は、単に信仰のため、そして趣味や友好のためではなく、環境保護、階級闘争、反戦行動、反グローバル化運動などの理念のもとで連帯を組織してゆく。そのようなネットワークは、国家を超えた公共性の立場から、国家政府に対して自立的な態度、批判的な態度をとるなど、国家中心の構造自体に揺さぶりを掛けている。たとえば対人地雷禁止のオタワ・プロセス、クラスター弾禁止のオスロ・プロセスのごとく、人間の安全、人権、人道などの問題領域において領土政府に特定の政策の採用を促す力を手にし、さらには、反核NGOのように、国際司法裁判所に核兵器についての「勧告的意見」を出させるほどの力を手にしつつある。

これを一般的に、社会と国家（政府）の乖離、政治と国家の乖離とみることができるかもしれない。つまり、集団アイデンティティは空間的な限定を超えて拡がり、それが下部構造としてあたらしい交換関係を生み、支えることによって「グローバル市民社会」が形成される。[30] この意味においては、社会が領土を絶対的に要求するわけではないという認識も高まっている。

R・コーエンがいうように、社会アイデンティティは「非領土化してゆく」のである。(31)さらに、社会学者M・オルブロウも指摘するように、グローバル化という変化によって領土国家はむしろ社会の一例に過ぎず、「社会と領土が本質的なむすびつきを持つわけではない」という観念を、われわれは「取り戻しつつある」(32)。そのように考えると、グローバル社会は、英国学派の理解するような一つの（ヨーロッパの）社会を地球大に拡大したものではなく、さらにまた領土に限定されたものでも、また最小単位や区画に分割できるものでもない。つまり、国内社会との類推を受け付けないような異次元の社会なのである。

この領土を持たない社会は、英国学派のいう「グローバルな国際社会」という射程を越えているという意味で、まったく新しい分析アプローチを必要としている。

5　グローバル市民社会の展望

新しい社会の特質を考えるとき、それが固有（sui generis）なものであり、類似物が他に存在しない場合は、M・ウェーバーのように社会を類型化し、その本質について探究することは、無意味かもしれない。グローバル社会も、そのようなものと言えるだろう。とはいえわれわれは、その内容についてある程度イメージすることはできる。

まず、グローバル社会の構成単位については、個人、地域、小社会という用語を充てるよりも、たとえば「人々」(people)という、より集団性を強調した抽象的な語で語り直すべきかもしれない。なぜならばそれは、水平的、垂直的かつ機能的に重なり合う多様なレベルの集団を内包(すべてをではない)したものと考えることができるからである。

他方でグローバル社会は、全体や総体を表わすが、地球上に暮らすすべての人々を包摂できなければその名に値しない、と考えるべきではない。あるいは人々を網羅するための主権国家システムのような代表制度を構想することも、不可能かもしれない。その意味で、グローバル社会はつねに部分社会に留まる。まさしくそのような理由によってグローバル社会は、集団的な自己決定の枠にはなり得ないだろう。なぜならば、地球すべての人間が一つの決定に民主的に辿り着くということは、しかもその決定に誰もが同じ資格で参加できるということは、理論的にも実践的にも想像が付かないからである。

ひとつの難題は、この単一組織を持たない公衆のような社会が「共通の目的」を持つと考えるべきか否かである。グローバル社会の中で、地球的な問題の解決のために、あるいは遠隔地における貧困者や犠牲者を救済するために形成されたものが、グローバル市民社会の特徴をもっともよく表わすと言われる。その意味では、組織化の理由となる具体的なイシューの自覚とその解決という目標設定が、グローバル社会を生み出すともいえる。

しかしながら、グローバル社会を一種の公共圏や討議フォーラムのような形で理解し、それが持続するためには包括目的を持つべきではないと考える者もいる。たとえば、M・オークショットの描く任意結合体（societas）をヒントにして、グローバル社会の特徴を捉えようとしたT・ナーディンは、この社会の成否は人々が共通目的を持たないことにあると捉え、その無目的社会を目的志向の（purposive）集団と区別して、実用指向の（practical）社会と名付けた[33]。

というのも、ナーディンによれば、共通目標のもとに形成、運営されるような社会を目指せば、目的を共有できない成員が、それを「自らのもの」と認めぬまま反抗や離反を企て、別の社会を創設しようとする。目的の共有が成員の条件となるようないわゆる結社的な組織では、離脱の権利をどの程度認めるかという問題も浮上してくるだろう。ナーディンの関心が、任意結合体（societas）が目的共有体（universitas）に飲み込まれることを警戒したオークショットの問題意識を、引き継ぐものであることは明らかだ[34]。

もっとも、別の角度からグローバル社会をみると、国際法＝国連体制がその機能を高め、正当性をそこから調達する国際機関が、人類社会の問題解決への指針を示し、諸政府や企業、NGO、市民などを巻き込んでガヴァナンスを組織している。国際機関はいまや、持続可能性、保護する責任、人間の安全保障などのように、排除を含まない形で目的を言語化する力を獲得している。この意味で、人類社会はすでに、ナーディンが「共通目的ではなく前提」とみなした「共存」を越えて、実験的に価値目的を共有し始めたともいえよう。

共通目的とは、たとえば人権の保障、公正な分配、全成員の「恐怖や欠乏からの自由」である。

F・ハイエクが社会の共通目的に成り得ないとして拒絶した正義や公正の概念も、それがILOなどの国際機関によって、あるいはSDGsの中に表明されていることから、すでに目的の一つを成していると思われる。これらは、もともとは国家を横断する開明的な人々のグループが、国際機関と連携して考案し、その共鳴者や賛同者を拡げ、規範的な標語として定着させたものである。このプロセスの継続によって、一つの価値目的がグローバル社会の理念や目標として定着する可能性がここに示されている。

規範としての共通目的を持つべきかどうかについての論争は、グローバル市民社会の規範理論の成否がそこに掛かっているだけに、なおさら重要だ。すなわち、M・ウォルツァーや多元論者（pluralist）のいうように、グローバルな諸関係は共通の善概念を持てないがゆえに社会に該当しない、と仮定すれば、グローバル社会には共存などの「正しさのミニマム」のみが適用され、分配的正義の問題はJ・ロールズのいうように各国家内の問題に留まることになろう。しかし、もし人類が共通の価値目的を持ち始めているという事実を認めるのであれば、そこにはグローバル社会正義が適用され、同じ社会に暮らす成員間の不平等の解消が成員の義務の一つとみなされる。その場合はグローバル社会の規範理論が成立し、実践においても、「恐怖や欠乏からの自由」などを国家ではなく成員の義務として謳った「グローバル憲章」の起草をも、射程に収めることができる。

実際に、グローバルな左翼の人たちが人類の包括目的を前面に掲げて、グローバル市民社会の中核を構成すべく組織している「世界社会フォーラム」は、「憲章」を作成しそこに重要な意義を見出している。かれらは、国民国家がこれまで担ってきた雇用、労働、保険、教育などの分野の公共政策が、ネオリベラルな思想やグローバル市場の論理によって後退しているという危機感から、公共財や公共善の守り手の役目を国民国家に代わってグローバル社会が果たす、という目的を共有し、その手段の一つとして世界課税の導入を提案しているのである。このソーシャルが、エコノミックに対置されたソーシャルという特別の意味合いを持ち、ネオリベラルに対する「アンチ」としてのソーシャルである以上、この団体が包摂性という点でみた場合に真のグローバル社会に該当するかどうかには、異論もあるに違いない。

とはいえ、一般論としていえば、地球公共善の実現のため一つの団体の定式化した目的が、たとえその市民団体が国連や国連の諸機関でなくとも、グローバルな公衆から正当性を認められ、各地域の人々の承認や賛同を得て、グローバル社会の目的として共有されてゆく可能性は十分にある。アムネスティ・インターナショナルやヒューマン・ライツ・ウォッチなどの人権にまつわる運動の目標は、その意義が世界的に認められたものの一つであろう。

6　市民権の行方

グローバル社会を抽象的な「人々」のものであるとした場合、これまで国家内で成員資格を表わしてきた市民権（citizenship）とその社会との関連はどうなるのか。もとより、市民と市民権こそが、その権利と義務の内容とは何かという問いとともに、個々人の社会との関わり方についての議論のフレームワークを構成してきた。もし、このようなフレームワークをグローバル社会論が踏襲すべきならば、グローバル市民の資格とは何か、誰がこの市民権を付与し保障するのか、このグローバル社会に身を置くことによってどのような権利を獲得するのか、あるいは市民は相互にどのような義務で結ばれるのか、などの一連の疑問に答えてゆかねばならない(35)。

たとえば、諸国家による国際社会と諸個人が織りなすコスモポリスという二重の構造を想い描いたカントは、国際社会に加盟する資格として、国家が共和国であり、あるいは内部に法的状態、公民状態を達成している点を加えた。さらには、個人すべてにコスモポリタン権を与えることによって、より道徳に適った社会を造る役割を、個人へ担わせようとした(36)。ロールズの場合はカントとは異なり、諸国家による社会の構成単位として、リベラルな国家のほかに、ほどほどの人権状態を達成し、国際法を遵守している国家をも加えた(37)。

国家を横断する機関が認める市民権の実例が存在しないわけではない。たとえば、EU市民権はその例といい得る。EUでは、EU基本権憲章（The Charter of Fundamental Right of the European Union）に謳われたとおり、権利が脅かされたと感じた市民は、一九九九年のセルモウニ事件のごとく国家政府をも訴えることができるし、その救済を欧州人権裁判所に申し立てることができる。しかしながら、こういった市民権は、国家を横断し、かつ私人間の係争までをも法的に裁くことのできる諸機関や権威体がなければ不可能であり、それがゆえに、グローバル社会の市民権へただちには応用できないだろう。

さらに、人道的介入が世界大の合意と承認を得てきたことに照らして、M・イグナティエフが提案したような、抑圧国によって権利を奪われているものが人道的介入を要請できる権利、あるいは他国民による支援を要請できる権利が、グローバルな市民権の一つであると解釈することもできる[38]。あるいは、国家の管轄権を離れて、人道に対する罪を犯した者の訴追要求を受け付ける国際刑事裁判所（ICC）も、このような権利を認め、保障しているとみなすことが可能である。くわえて、「世界人権宣言」の一節、「すべてのものは、この宣言に掲げられた権利及び自由が完全に実現される社会秩序および国際秩序への権利を有する」（28条）で謳われた権利を、グローバル社会に暮らす者すべてが享受し得る資格と、捉えることができないわけでもない。

とはいえ、領土国家のような排他的空間とは異次元のグローバル社会を樹立しようとする者たちは、成員資格を、国内のように権威体が付与する権利とは異なるもの、とみている。それに代わって、参画を望むすべての人々に保障されるべきものは、グローバルな対話空間へ意見を投ずる、そしてその意見が他の市民に聞き入れられる機会であり、必要な場合においては、そのためにグローバルな団体を組織する機会である。そのように社会をむしろ討議空間として定義した方が、人々がグローバル社会をより身近なものと感ずるがゆえに、参加のインセンティヴは高まるだろう。

とくに、グローバルな弱者、グローバルな相互行為によって生まれる犠牲者や被害者、またグローバルな政策によって影響を受ける人（the affected）へ発言の機会を多く与えることには意味があると、グローバルな市民社会を擁護する者たちは考える。なぜならば、国民国家や地域機構、あるいは国際機関は、その組織上、良好な国家間関係をグローバルな人間関係よりも優先せざるを得ないし、そのため、これまで国民国家内のマイノリティーの声を十分に汲み上げることができなかったからだ。

R・フォークは、グローバル社会の良き公民とは、「忠誠心とか、帰属意識の感覚が、いくつもの重なり合った政治的枠組みないしは帰属集団」に向くような公民であるとしている。フォークによると、その公民の忠誠心が向かう先の一つである市民社会は、これまで人権に関する国際法の発展へかけがえのない貢献を為した。その貢献の仕方は、まずアムネスティ・インターナショナルのような市民による地域的監視グループが、国家権力の濫用の情報を世界に提供し、状況改善のための運動を組織する。つぎに、東欧革命で実践されたように、抑圧的統治からの解放に向かって人々を力づけ、その能力を強化する。そのような仕方で、グローバル市民社会は世界の最弱者のことを考え、さらには「脆弱な階層の福利を考慮しないグローバル化構想に抵抗する(39)」。

一般に、社会が含まざるを得ない排他性についていえば、グローバル社会が包摂的であるといっても、そこに参加するための条件を設けないわけにはいかない。なぜならば、もし国のみに忠誠を誓うという姿勢、また地域社会の部分最適をつねに優先しグローバル社会をその道具に使うという姿勢を崩さない者が加われば、グローバル社会の運営が不可能になるからである。したがって、グローバル社会への参加の充分資格として、部分社会への執着を保留ないし中断する覚悟を加えることへ、何人も合理的には反論できないだろう。

自らの価値観を修正する可能性にオープンであること、とも言い換えが可能なこの条件は、対話の存在意義が損なわれないように参加者は最低限のルールを遵守する必要がある、という一般的原則を表わしたものに過ぎない。実際に、このような対話のルールは、包摂性や共感などを理論に組み込んだ思想家である、J・ハーバーマス（コミュニケーション的合理性）、A・スミス（公平な観察者）とA・セン（不偏不党）、などによって構想されてきた。(40)

グローバル社会論の先端を行くA・リンクレイターは、内部にフォーラムを組み込んだそのような社会と、そのフォーラムを支えるグローバルな制度によって、「勢力によってではなく対話によって運営される」社会と、「普遍的なコミュニケーション共同体という倫理的な理想に向かって進歩を生み出そうと望むコスモポリタン的な」市民が生み出されると述べ、その両者がポスト・ウェストファリア時代の推進力になると考えている。(41)

7　市民社会と批判理論

国際法＝国連体制の常識的な理解をもとに人類社会をみた場合には、一九三の国が平等な主権を有し、自由選挙によって選ばれた政府は住民の福利を最適化するために統治し、政策を立案、実行している。このような自助システムは、一見すると人々の福利を達成するためのきわめて効率的なシステムのように思われる。しかしその場合にわれわれは、平等な諸国家の並立が織りなすシステム、また帝国を阻止してきた自助と分散の仕組み、という主権国家システムの二つの美点に目を奪われて、グローバル社会に階層や階級がないかのごとき錯覚に襲われる。

支配の意味を、社会学者M・ウェーバーのごとく「或る内容の命令を下した場合、特定の人々の服従が得られる可能性」と定義したときに[42]、この世界には、国家の内部統治と位相の異なる支配、さらに一国家の他国家に対する命令服従関係とは次元の違う支配が存在している。しかも批判理論の観点に立つならば、人類社会を国内社会に譬えると、それは支配－被支配の関係が固定された階層社会以外のものではないだろう。

たとえば国家は、「誰の支配にも服さない」という前提で主権を保有しながら、他方で世界の経済フローの調整を、国民市場ではなくグローバル市場に、その政治的に中立な空間をいずれの国も支配できないという前提に基づいて、委ねることを選択してきた。それらが自国企業に一層の利益をもたらすという期待から、経済主権を弛緩させることを主権的意思によって選び取り、自由化や規制緩和を推進してきた。実際に、一国がWTOに加盟することは、その規則に服し、政策選択の自由が制限されることを意味するが、その見返りに加盟国は、自由の喪失を上回る利益という期待を手にする。

とはいえ、実際に政府に自由化や規制緩和を推進するように促し、グローバルな市場において誰よりも多く利益に与るのは、国家の領土を越え、タクスヘブンなどを活用し、国家の枠や制約がないかのごとく行動できる権力体として多国籍、無国籍な資本や企業である。このことの生む結果として、政府がネオリベラルな政策を推し進めれば進めるほど、主体であるはずの政府自身は市場のためにその規制力、徴税力、財政力、そして権威を抑制的に使用しなければならなくなる。

資本の作用に抗えない政府に苛立ちを覚える国民はまた、デモクラシー自体にも疑問を抱き始める。E・M・ウッドが指摘するように、資本の「帝国の権力が発見したのは、資本の蓄積のために必要な条件を信頼できる形で保障してくれるのは、なによりも国民国家であること、そして資本が直接の政治的な支配の境界を越えて自由に拡張するために利用できるのは、国民国家しかないことだった[43]」。

この構造の中で良い政府とは、民主的世論の要求に応える政府よりも、むしろ自国企業が世界市場でプレイし、競争に勝つよう助力できる政府、ならびに外国の資本が魅力ある市場だと感じてくれるよう投資環境を整える政府である。こうして、国内政治のプライオリティもまた変更を迫られ、政府は、どれほどデモクラティックに選ばれていても、市場の論理と資本の論理に翻弄（支配とは言わずとも）されないわけにはいかなくなる。これがいわゆる、批判理論家や、グローバル化に懐疑的な運動家たちがみる、資本による帝国的支配の出現プロセスであった。

さらに、もし「エリート社会論」という社会学の成果をグローバル社会に応用すれば、そこには紛うことなきグローバル・エリートが存在し、グローバル社会は極端なエリート社会と形容することができる。たとえば、企業家、投資家、学者、ジャーナリスト、芸術家、外交官、国際機関職員のうち才能や資源に恵まれた者は、多言語力を駆使して国外にも特権的な活躍の場を得ている。しかも、社会内の大衆とエリート階層との可動性はきわめて低い。さらにエリートは、デジタル技術を駆使する能力を他の誰よりも持っており、デジタル・ディヴァイドもまたこの階層構造を拡大し、固定するのである。他方で、この世界には各地域にグローバルな脆弱者（the vulnerable）がいて、かれらはとくに、越境的な移動の費用を負担することもままならず、自然災害、保健・衛生上のリスク、政治的な暴力に、他の階層より多く晒されている[44]。

グローバル社会で、なぜ国境を横断する支配が生み出されるのか。この問いに応えるための一つの有益な方法を、主権国家相互のパワー分析からは距離をおいて「市民社会」の構造に分け入ったM・フーコーに見出すことができる。またその方法を、「社会を防衛する」という観点から、市民社会におけるミクロの規律的な権力との向き合い方を示したフーコーの統治性概念が明らかにしてくれる。フーコーにとって権力の諸技術とは、「もっともコストのかからないやり方で、監視と階層化と視察と記述と報告のシステムによって行使される、権力の合理化および厳密な意味での管理の諸技術」であった[45]。この権力の技術という概念こそ、国際社会において、ネオリベラリズムや市場、主権、生（バイオ）政治がどのような連関を持っているかを解き明かし、さらに権力体の側がどのような統治戦略を展開しているか、の解剖にも役立つだろう。

実際に、M・ハート、A・ネグリ、N・ローズなどが、フーコーの権力のミクロ分析、さらには「生政治」の分析をグローバルな人間関係にも応用して、かれらのいう「帝国なきグローバル帝国」の統治構造を抉り出そうと試みた[46]。このあたらしい帝国的支配を乗り越えるために、さらにまた、福祉国家の衰退を恐れる「伝統的左翼のグローバリズム批判」の代替としてかれらの提案する方法は、マルチチュードとそれが奪取する主権である。マルクス主義的な階級に代わるものとして編み出されたマルチチュードというこの言葉も、その含意からすると市民社会の概念に近い。

ネグリとハートが今日の国家横断的社会にみたものは、大衆の創造性と生産性がグローバル資本によって圧殺され、コミュニケーションが国境によって疎外されている人々だ。ただしその人々は、新しい市民社会すなわち自己がその一員であるマルチチュードの力を自覚するや、国家の束縛や支配構造から逃れ、自己の主体性を再確認し、その想像力やコミュニケーション能力を開花させることができる。(47)

その新しい国家横断社会では、生産活動が疎外から解放されて、いま一度社会関係に埋め込まれる。生政治というアプローチはまた、脱主体化と同時に抵抗として表現されるような新しい分散的な主体の創造の原動力ともなる。このように、ネグリとハートの理論では、グローバル市民社会が、規範性において主権国家システムを上回ると考えられている。のみならずかれらは、国家システムの解体を終局的な目標の一つに設定しているのである。(48)

いうまでもなく、このような展望は、フーコーが手掛けた市民社会におけるミクロの権力分析から、逸脱したものと言わざるを得ない。なぜならば、フーコーは、国家が消滅すると考える人々とは、また市民社会が国家にとって代わるとみる「国家嫌い」とは、一線を画しているからだ。かれはむしろ、生活世界におけるミクロの権力支配の動態をつかむために、市民社会を国家より相応しい分析対象だと捉えたに過ぎない。フーコーが主権国家アプローチを批判する目的は、国家による支配を廃棄することでも、領域的な統治や支配が存在しない市民社会を導くことでもなかった。(49)

いずれにしても、一般的に批判理論やポスト構造主義は、非一元的な社会の到来を希求するあまり、あるいは国家社会という大きな物語の終焉を待望するあまり、新しくかつ巨大な物語としての市場や金融資本、多国籍企業による支配の出現を見失いがちであった。フーコーとかれに倣ったポスト構造主義の思想家たちは、いま一度、人々の目をグローバルな支配に向けさせるという点で成果を収めたのである。

なお、そのように考えると、ポスト構造主義がその到来を予告する（国民まで含めた）集団や組織の脱構築、普遍性の解体、そして個人レベルにまで至る差異への承認がグローバルな人間関係のアトム化を推し進めるという危険に、われわれの目を向けさせることができるのもまた、グローバル社会という概念なのかもしれない。

おわりに

今日、グローバル社会で生起するさまざまな出来事は、国家システムが、時として国を越えた人々の共感や協業の妨げと成り得ることを示す。二〇〇八年のサイクロン・ナルギス（Nargis）の被災者に対して、ミャンマー政府が国際社会の連帯的行動を拒否したこと、二〇二三年のモロッコ大地震の被災者への救援活動にさいして、モロッコ政府が国外からの援助を遮断したことも、この例であろう。ウェーバーの定義にしたがって、「意味内容が相互に相手をめざしているような行為」を社会的行為だとすると、今日、グローバル化や科学技術の進歩がもたらした移動、輸送、コミュニケーションの手段を使って、人々は明らかに共感や連帯に基づく社会的行為を交わそうと意図している。にもかかわらず、主権国家という枠組みが時としてそれを阻止するという構図になっている。

これはまた、国民国家に境界があることの必然的な結果とは言えない。なぜならば、人道援助のほとんどは、主権や内政不干渉の規定があったとしても、今日、境界を越えて受け入れられているからだ。人道援助の活発化はまた、国家を越えた相互行為を行いたいと人々が願う証拠、さらには、国境があっても国家横断的な相互行為が可能な証拠でもあろう。問題は、国を越えた人々の交歓を遮断したいと考える一部の政府が、その政策の正当化の手掛かりを国際法の内政不干渉原則に求めることを、主権国家体制が許している点にある。

このように、グローバル社会論の観点に立った分析は、現下の国際秩序がときに「反社会的」であることをも明らかにすることができた。言い換えると、グローバル社会論はまた、地表を相互行為の場所としてみた場合の、主権国家体制の倫理的な課題を浮き彫りにし、その体制の機能低下が招く環境問題、格差問題などの深刻化に対して、この地球上で国家に代わって誰が、誰に対して、何をしなければならないかを明らかにしてくれる。

グローバル社会という視座の有効性を考えると、冒頭で提起した疑問、すなわちグローバル化された人間関係を表わすのに、共同体、共和国、地球村、ネットワーク、世界コミュニケーションなどよりも、グローバル社会という用語が相応しいかどうか、への解答もまた明らかであろう。すなわち、ネットワークやコミュニケーションは、相互依存概念にも似て、領土空間を越えて結び合っていることを表わすには適切だが、他方で社会的行為の影響力が双方向であることを連想させるため、社会科学者の目を階層構造から逸らしてしまう。他方、共同体、共和国や村などの概念は、アイデンティティや共通目的を連想させるので、その開放性を表わすのには向いていないだろう。

逆説ながら、社会というもっとも曖昧な概念が有効だと言えよう。なぜならば、グローバルな社会が、先ほど述べた通り、これまでのどの社会とも比較にならないほど包括的、全体的かつ多元的、多層的であるという性格を持つからである。さらに社会の概念そのものが、社会学者の貢献によって多様なものを包含するように発展してきたからである。主要な社会科学の用語のうち、グローバル化した人間関係の枠組みを描写するのにもっとも適切な用語は、やはり社会しかないだろう。

注

(1) ここで筆者は、グローバルなソサエタリアンを、U・ベック、M・マン、A・リンクレイター、R・コックス、R・フォークなどで代表させている。

(2) 社会学者のアーリは、このことを以下のように要約している。「こうしたコスモポリタン的な市民社会は、現代世界全体のすみずみに浸透した社会から自らを解き放ちはじめている。それは、非常に異種混交的な市民社会の到来を告げている」。John Urry, *Sociology beyond Societies: Mobilities for the Twenty-First Century* (London: Routledge, 2000). 吉原直樹監訳『社会を越える社会学――移動、環境、シチズンシップ』(法政大学出版局、二〇〇六年)、七九頁。

(3) 世界コミュニケーションとは、社会学者ボルツによる現代社会の性格付けである。曰く「世界コミュニケーションの時代を特徴づけるのは、何よりも、知覚の対象が世界ではなくコミュニケーションになるということである。世界とは、コミュニケートされるもの一切にほかならない」。村上淳一訳『世界コミュニケーション』（東京大学出版会、二〇〇二年）、二頁。

（4）ホッブズ、本田裕志訳『市民論』（京都大学学術出版会、二〇〇八年）、二五三、二六一頁。

（5）Martin Wight, *International Theory: The Three Traditions* (Leicester: Leicester University Press, 1991). 佐藤誠ほか訳『国際理論——三つの伝統』（日本経済評論社、二〇〇七年）、六一頁。

（6）社会学者デュルケームが人類それ自体を社会とはみなさなかったものの、国際社会が国内レベルのそれに類似した社会であるとみていた点については、以下を参照。Frédéric Lamel, 'Les Relations Internationales selon Durkheim :un objet sociologique comme les autres', *Études Internationales*, 2004, Vol.35, No.3, pp.495–514.

（7）ヨーロッパの国際社会がグローバルに拡大して定着したことを示すため、英国学派が使用する用語。Barry Buzan and Laust Schouenborg, *Global International Society: A New Framework for Analysis* (Cambridge: Cambridge University Press, 2018).

（8）Gerard Delanty, *Community* (London: Routledge, 2003). 山之内靖、伊藤茂訳『コミュニティ——グローバル化と社会理論の変容』（ＮＴＴ出版、二〇〇六年）、一六—一七頁。

（9）スピノザ、畠中尚志訳『国家論』（岩波文庫、一九四〇年）、三九頁。

（10）John Rawls, 'The Law of Peoples', in *Critical Inquiry*, Vol.20, No.1, 1993, pp.37,42.

（11）ヘーゲル、長谷川宏訳『法哲学講義』（作品社、二〇〇〇年）、五九八頁。

（12）シュミット、長尾龍一訳「ジャン・ボダンと近代国家の成立」『カール・シュミット著作集Ⅱ』（慈学社出版、二〇〇七年）、一二四—一三〇頁。

（13）Hedley Bull, *The Anarchical Society: A Study of Order in World Politics* (London: Macmillan, 1977). 臼杵英一訳『国際社会論——アナーキカル・ソサイエティ』（岩波書店、二〇〇〇年）、三四頁。

（14）同書、四一―四七頁。
（15）同書、八七頁。「国際社会の観念は、国家間の関係を、共通規則に拘束され、かつ共通制度に確信をもつ社会構成委員間の関係として捉える」
（16）同書、五一、二二三、三七六―三七八頁。
（17）同書、三一〇―三三六、三八二―三八四頁。
（18）Alan James, ‘System or Society?’, in *Review of International Studies*, Vol.19, 1993, p.284.
（19）ブル、前掲書、四七―四九頁。
（20）同書、二四頁。
（21）同書、二四頁。
（22）William Bain, ‘Hedley Bull on Order and Justice’. 高橋良輔訳「秩序と正義の相克――H・ブルの問題設定再考」『思想』、九九三号、二〇〇七年一月、五七頁；ブル、同書、二四頁。
（23）Adam Watson, *The Evolution of International Society: A Comparative Historical Analysis* (London and New York: Routledge, 1992).
（24）Ian Clark, *Legitimacy in International Society* (Oxford: Oxford University Press, 2007).
（25）Mathias Albert, Barry Buzan, and Michael Zurn (eds), *Bringing Sociology to International Relations : World Politics as Differentiation Theory* (Cambridge: Cambridge University Press, 2013).
（26）Andrea K. Riemer and Yannis A. Stivachtis (eds), *Understanding EU’s Mediterranean Enlargement: The English School and the Expansion of Regional International Society* (Frankfurt: Peter Lang, 2002).
（27）いわゆる主権平等の装いの裏にある層別化（stratification）を研究したものとして、以下を参照。Buzan and Richard Little, *International System in World History: Remaking the Study of International Relations* (Oxford: Oxford University Press, 2000); Edward Keene, *Beyond the Anarchical Society: Grotius, Colonialism and Order in World Politics* (Cambridge: Cambridge

University Press, 2002).

（28）Barry Buzan and George Lawson, *The Global Transformation: History, Modernity, and the Making of International Relations* (Cambridge: Cambridge University Press, 2015).

（29）Mathius Albert and Barry Buzan, 'Securitization, Sector and Functional Differentiation', in *Security Dialogue*, Special Issue, Vol.42,(2011),pp.4–5; 413–25.

（30）ただし、そのグローバル市民社会と呼ばれるものも、論者によってその含意や内包に異同がある。それが少なくとも、（1）societas civilis に基づいたモデル、（2）ブルジョア社会との類推、（3）社会運動家による理解、（4）ネオリベラルな用語法、（5）ポスト・モダン的な解釈、の五つのヴァージョンを持つことについては、以下を参照。Mary Kaldor, 'Five Meanings of Global Civil Society', in Manfred B. Steger (ed.), *The Global Studies Reader* (Oxford: Oxford University Press, 2014), pp.19–26.

（31）Robin Cohen, *Global Diasporas: An Introduction* (Seattle: University of Washington, 1997). 駒井洋監訳『グローバル・ディアスポラ』（明石書店、二〇〇一年）、一五頁。

（32）Martin Albrow, *Sociology* (New York: Routledge, 1999). 佐藤康行ほか訳『グローバル時代の社会学』（日本経済評論社、二〇〇一年）、二七六頁。

（33）Terry Nardin, *Law, Morality, and the Relations of States* (Princeton: Princeton University Press, 1983).

（34）Michael Oakeshott, *On Human Conduct* (Oxford: Clarendon Press, 1975), pp.199–206.

（35）市民権の近代的な概念を構築したマーシャルによれば、市民への諸権利の付与は、共通感覚を育む効果を持つ一方で、あらかじめかれらが共同体感覚を持つことを前提にしている。キムリカは、このような概念が多文化世界には適用できないことを強調しているが、それはまた、グローバル社会にも適用不可能であろう。Kymlicka, *Multicultural Citizenship: A Liberal Theory of Minority Rights* (Oxford: Oxford University Press, 1995). 角田猛之ほか監訳『多文化時代の市民権』（晃洋書房、一九九八年）、二六九—二七一頁。

(36) カント、樽井正義ほか訳『人倫の形而上学』『カント全集11』（岩波書店、二〇〇二年）、二〇四—二〇五頁。
(37) John Rawls, *The Law of Peoples* (Cambridge, MA: Harvard University Press, 1999). 中山竜一訳『万民の法』（岩波書店、二〇〇六年）、一五—一六、八三頁。
(38) Michael Ignatieff, *Human Rights ad Politis and Idolatry* (Princeton and Oxford: Princeton University Press, 2001). 添谷育志・金田耕一訳『人権の政治学』（風行社、二〇〇六年）、一〇四頁。
(39) Richard A. Falk, *Law in an Emerging Global Village: A Post-Westphalian Perspective* (New York: Transnational Pulishers, 1998). 川崎孝子監訳『顕れてきた地球村の法——ポスト・ウェストファリアの視点』（東信堂、二〇〇八年）、八、四九—五〇頁。
(40) Jurgen Habermas, *Theorie des kommunikativen Handelns*, Bd. 1–2, (Suhrkamp Verlag, 1981). 川上倫逸ほか訳『コミュニケイション的行為の理論（上）』（未來社、一九八五年）、三八頁。ハーバーマス曰く「コミュニケイション的行為の関連のなかで責任を負う能力ありとみとめられうるのは、コミュニケイション共同体の構成員としての相互主観的にみとめられている妥当性の要求に照らして自分の行為を方向づける人だけである」、同書、三八頁；なお、以下も参照。Amartya Sen, 'Open and Closed Impartiality', in *Journal of Philosophy*, Vol.99, 2002.
(41) Andrew Linklater, *The Transformation of Political Community: Ethical Foundation of the Post-Westphalian Era* (Cambridge: Polity Press, 1988), p.211.
(42) M・ウェーバー、清水幾太郎訳『社会学の根本概念』（岩波書店、一九七二年）、八六頁。
(43) Ellen Meiksins Wood, *Empire of Capital* (London and New York: Verso, 2003). 中山元訳『資本の帝国』（紀伊國屋書店、二〇〇四年）、五〇頁。
(44) Ian Clark, *The Vulnerable in International Society* (Oxford: Oxford University Press, 2013).
(45) Michel Foucault, 'Il faut défendre la société', *Cours au Collège de France*, 1975–1976. 石田英敬、小野正嗣訳『社会は防衛しなければならない』（筑摩書房、二〇〇七年）、二四二頁。

（46） Michael Hardt and Antonio Negri, *Commonwealth* (Cambridge, MA: Harvard University Press, 2009), p.52.

（47） Ibid., pp. 56–59.

（48） Doerthe Rosenow, 'Decentring Global Power: The Merits of a Foucauldian Approach to International Relations', in Nicholas J. Kiersey and Doug Stokes, *Foucault and International Relations* (London and New York: Routledge, 2011), pp. 135–155.

（49） ハートとネグリが、フーコーの市民社会分析の方向性から逸脱しているという指摘については、以下を参照。Michael Dean and Kaspar Villadsen, *State Phobia and Civil Society* (Stanford: Stanford University Press, 2016), pp.24–32.

第3章　「公共」は国家を越えるか

はじめに

公共とは何かについて理論家や実践家の間で見解の一致をみているわけではないが、政治学における公共（public sphere）を、社会の成員すべてが尊重を払うべき、ないしは共に築き上げるべき事柄と定義することは許されるだろう。社会における具体的な公共物（〈羅〉res publica,〈英〉public affairs）としては、天然資源、自然環境、地理的条件、子孫の繁栄、伝統と文化、討議のフォーラム、ルールと制度などを挙げることができる。その中でもとくに、成員すべてがそこから利益を得ることができるが、特定の誰かが過剰使用すると成員すべてが損害を被るおそれのある事物や事柄を、公共財（public goods）と呼んでいる。大気、河川や海洋、鉱物資源、化石燃料などがそれに相当する。

いま、このような一般的な用例に即して「グローバルな公共」(global public sphere)を定義してみよう。すると、「地球上のすべての人々を利するような物事」として、われわれは国際秩序と平和、グローバル金融市場の安定、貿易の促進、各地域の持続的発展、飢餓や貧困の撲滅、そして人権の促進を思い浮かべることができよう。

国際秩序と平和がグローバルな公益(global public interests)であり、大気、海洋、生物多様性がグローバルな公共財であるのは、それらが地球上のすべての人々の福利を増進させるからであり、それなしではいずれの地域の人々も治安を確保し、持続的に成長し、繁栄を勝ち取ることができないからである。とくに平和についていえば、およそすべての国民が戦争より平和を望むことからも、それがグローバルな公共善(global public good)であることは明らかだ。逆に言うと、その削減や廃絶こそが人類の公共善の促進につながるという意味で、大量破壊兵器がグローバルな公共悪(global public bad)であることも明白だろう。

しかしながら、ローカルな政治共同体や領土国家の公共性を論ずるのと比べて、グローバルな公共性を論ずる場合には難題が待ち受けている。というのも、グローバル社会は、国家ほど輪郭のはっきりした、制度化ないし組織化された団体とはみなせないからであり、またグローバル・レベルにおける公共政策の担い手は誰か、その受益者は誰かが、さほど明瞭ではないからである。

さらに第2章でみたとおり、「人類が社会を構成している」という仮定が現実的ではないと考える者もいる。なぜならば、地球上の人々は、生まれながらに同じ目的を共有するわけでも、法的な権利義務で結ばれているわけでもない。その結果、平和についても、その実体や内容とは何なのか、平和によって得をする国と損をする国はどこか、平和は単なる「名辞」や「シンボル」に過ぎないのではないか、などの国内ではとうに克服されたはずの問いがわれわれの前に立ちはだかる。

この点について、人類は歴史的な教訓を得てきた。すなわち、第一次大戦が終結したとき、人々は平和こそが非西洋の人々を含めた全人類共通の願いであると確信していた。そのような認識は、グラスルーツの反戦運動や平和運動を生み、国際連盟、ケロッグ＝ブリアン（不戦）条約、軍縮会議、国際公論などの成果をもたらした。戦争の悲惨さを目の当たりにした人々にとって、この地球上に「戦争を憎まぬ者がもはやいない」がゆえに、平和は地球的な公共善であると思われた。

しかし、第一次大戦後に築かれたヴェルサイユ体制は、戦勝者には護るべき公共善であっても、持たざる国には勝者による「戦利品の保全」ないし「現状の固定」でしかないことが、のちに明らかとなる。これをみた歴史学者のE・H・カーは、あらゆる者の利益が平和という状態のもとでは一致するという考え方は、「諸利益の調和」（harmony of interests）というユートピアに過ぎないと断言したのである。(1)

このように、多様な文明が交錯するグローバルな社会においては、公平無私な観点に立ってものを考え、決定を下すことは至難である。共通利益、公共政策、公共圏と思われるものでも、そこに加わってゆけない者（被排除者）が出てくる恐れがつねにある。グローバル公共性の問題を論ずるさいには、国内以上にそのような可能性を念頭に置かねばならないという難しさがある。

本章ではまず、グローバルな公共性という考え方が持つ固有の難点について、政治哲学的な視点から検討したい。そののちに、なおグローバルな公共財の保護が人類の急務であることを確認しつつ、グローバルな公共性の保護や促進のために、実践においてどのような努力が払われてきたのか、それがどのような課題を背負っているのかを、考察してみたい。

1　グローバル公共性をめぐる論争
――ノミナリズムとミニマリズムの克服

グローバル社会における公共性とは何かを論ずるさいに、まず検討しておかねばならない課題がある。それは、国家を越えた公共空間の存在を否定するか、それに対して懐疑的な立場を採る社会哲学であった。それらの中でもとくに有力な二つは、グローバル公共性が「名辞」を越えるものではなく、公益という名で擁護されるものが実際には「誰かの利益」に過ぎないとみなすノミナリズム（nominalism）、そして、経済的不効率の原因や不正の温床となるがゆえに、グローバル公共政策を最少に留めなければならない、と考えるミニマリズム（minimalism）であろう。

（1）国家の擁護とグローバル公共性のノミナリズム

現代人の見慣れた世界地図は、大陸のみでなく、国境によって仕切られている。そして、国境に囲まれた領土を持つ各国家は、領土民の固有の公共性概念に従って政策を執行している。いうまでもなく国家は主権を保持しており、その「公共」が何かを決定する最終的な権限はその国民と政府に存する。国家の公共を弁ずる共和（国）主義（republicanism）、あるいはステイト＝システムという仕組み全体を守るため、グローバル社会は、各国政府の主権を上回る公的権威を作らないことを申し合わせている。このような点に注目すると、グローバルな公共性とは、もしあるとすれば、地域の公共性の担い手としての一九三の主権国家（国連加盟国）が独立を維持しながら「共存すること」をおいてほかにない。

共存を越えた目的、たとえばグローバル正義や地球環境保護を「公共目的」と呼ぶとすれば、その目的のための協力はときに必要であり、可能であるかもしれない。しかしある事柄を公共目的とみなし、その遂行への義務を設定するためには、あらかじめ各独立国家やその政府の承認を経なければならないのであり、別な言い方をすれば、グローバル公共性とは、すべての主権国家の個別意思が「たまたま重なり合った部分」のみを指すことになろう。

近代国家システムの生成時に、このような説を唱えた思想家の代表は一八世紀ドイツの哲学者G・W・F・ヘーゲルであった。「国家は、他国にむかうとき個人的な主体としてふるまう」とみなしたヘーゲルは、次のようにいう。

> 独立性を持つ国家が、たがいに特殊な意志として関係し、条約の友好性も特殊な意志に依存し、し

かも全体に広がる特殊な意志が、国民全体のしあわせを内容としているとすると、他国との関係においても、国民全体のしあわせが最高の法則となる。[2]

ヘーゲルにおいて、人々に公共意識が培われるのは、あらかじめ慣習や歴史によって培われた共同体が存在し、人々の忠誠がその具体的対象に向かう場合のみであった。それゆえヘーゲルは、公共性の最高法則が「国民のしあわせ」であると述べて憚らなかったのである。逆にいえば、ヘーゲルにとって、国家を越える公共性は、それが現実ではなく「当為」（目指すべき目標）に過ぎないために、内容や具体性のないもの、つまりノミナルなものとみなされる。このような考え方は、実に二〇世紀後半に至るまで、たとえば、第2章で検討した英国学派のいうところの「諸国家が織り成す社会」（a society of states）に共通の文法ともなり、国際法（一八世紀までは万民法）学者の思考にも反映されていた。[3]

すなわち、国家は、国際社会では「他者を害しないかぎり」行動の自由を有するところのいわゆる「私人」、とのアナロジーで捉えられた。国内の市民領域において、私人の双方が同意した事柄にのみ権利義務が発生するのと同じように、国家がそれぞれ私人のようにふるまう国際社会にアプリオリな公共性が存在せず、わずかに、お互いが共通の利益と随意で認めたもの、その尊重に互恵性の観点から「同意した」もの、だけが公共の事柄とみなされた。

たとえば、公と私という二分法自体に懐疑的なR・ゴイスは、そのことを以下のように表現している。

現実的ないしは仮説的な議論のなかで、共通性、同意できる論点、自らを隔絶することができる中立的な見地、もしくは共通善や公共善をみつけられる、といったことが時たま生じるかもしれない。だが、こういったことが生じるのは、いつものことだと信じる理由はないし、あるいは通常のことだとさえ信じる理由もない。現実的であれ、仮想的であれ、この世界において合意やコンセンサスというものは極めて限定されたものなのだ。[4]

たとえば国際連盟や国際連合のような世界大の公共機関を設立するさいに、それを承認しないか、そこに加盟を望まない国が一国でもある場合は、それを真に地球公共的なものとみなし得ない恐れがあった。この解釈に従うと、国連でさえもその根拠を各国の個別意思に持ち、各国家は条約や国際機関を公共性と「認めない」権利、つまり事実上の拒否権や脱退権を持っていたのである。

現在でもなお、このような考え方が影を潜めたわけではない。WTO、WB、IMFのような国際機関の決定の根拠を疑い、またEUのような地域統合の動きに反対するために、各国の現実主義者やナショナリストたちはしばしば、グローバル公共性のノミナリズムに訴えてきた。かれらは、国際機関の行う再配分や援助が地球公共に資するものであるということを認めたがらない。そのような動きが民族主義政党の台頭などとも連動して、公共性の議論が紛糾する原因をもたらしている。

（2）経済的リベラルとグローバル公共性のミニマリズム

ノミナリズムと並んで、グローバル化とともに勢いを増しつつある公共性懐疑論がもう一つある。それは、公共領域の拡大が、経済的な不効率つまり不正を生むがゆえに最小ないし最少でなければならないと説く、F・フォン・ハイエク、M・フリードマン、G・スティグラーらのミニマリズムであった。ノミナリズムが、どちらかといえばグローバル化に抵抗する力として作用するのに対して、この論理は、むしろ国家の公共性にまで風穴を開けて、経済のグローバル化や資本の移動の自由を推進する力として機能している。

グローバル化を推進してきたネオリベラリズムの根底には、社会の不正は、統治者が政策や統制の名のもとに公的資源を誤用（無駄使い）することから起こる、という（反）公共哲学があった。そこで、不効率や不正を防ぐためにも、「公的なもの」を最小限にしておくことが正義とみなされる。かつて経済学者のM・フリードマンは、自分で稼いだカネを自分で運用する私人や私企業に比べ、公権力を有する政府は、他人が稼いだ金を税金という形で巻き上げて、しかも実体の乏しい「公共の利益」、「国民にとって良いこと」を勝手に定義して運用するから効率的になりえないとみなした。[5]

かれはさらに、「公人である市民として行動するときより、消費者として振舞うほうが、ずっと優秀である」とも言う。集団や団体がとくに経済的効率概念に則って組織、運営されねばならないと説くこのような思想においては、政策の第一の任務もまた腐敗や不効率を避けることとされ、そのために政府や国際機関の最小化が提案されるのである。

ネオリベラルの思想も、共有地の悲劇が生ずることを認めないわけではない。しかしかれらにとってその解決法とは、Ｄ・ハーヴェイが解釈するように、私的所有権の確立であった。[6]なぜならば、私的所有権が存在しないことは、人間福利の改善に対する制度的障害の一つであるから。その場合かれらにとって公共善とは、むしろ個々のアクターが合理的選択を行い、その自由を最大限に発揮できるように、また、その結果市場が公益に導かれるように、競争環境としてのルール、制度、私的所有権を整備し、さらにアクターにその遵守を促すことと解釈される。

言い方を換えると、グローバル社会にとって重要なのは公的組織でも、公的目的でも、公的政策でもなく、むしろ共通ルールであり、なお国際的なルールが遵守されているかぎりは、個々のアクターがその目的を公益に照らして判定する必要も、そのような判定のための基準を導く必要も生ずることはない。

他方で、個々のアクターの側は、その規則を内部化させ、共通のルールを守るという義務を除けば、「自らの目的がグローバルな公益に適っているかどうかを証明する責任」を免れる。それどころか、この哲学においては、国内社会であれグローバル社会であれ、公共性という「包括的な教説」を振り翳す人々には、また、公共性を尊重するよう指示を出そうとする人々には、むしろ警戒の目が向けられることになろう。

グローバル公益や多国間協調を重視するウィルソン主義と国益を重視する主権主義が対抗するアメリカでは、イラク戦争時にみられたように、ひとたび国連とワシントン（アメリカ合衆国政府）が対立すると、公共機関の国連が「お金の無駄遣い」であるという論調が息を吹き返し、国連不要論、国連改革論、国連脱退論などが支持を集めるという事情があった。このようにして、グローバル公共性のミニマリズムの立場は、ネオリベラルの政策ばかりでなく、国益に執着する各国保守派にも哲学的な後ろ盾を提供している。

(3) グローバル社会の公共性を弁ずる人々

しかしながら、「国家こそが公共性の担い手」と考えるノミナリズム、そして「公共政策は誤用や不効率を生むがゆえに最小でなければならない」と考えるミニマリズムに対しては、その論理的な矛盾や実践的な問題点が指摘されてきた。ここでは、それらに対する批判を、国際法学者R・フォーク、倫理学者P・シンガー、そして社会学者U・ベックなどによって代表させることが許されるだろう。

『生成しつつあるグローバル・ヴィレッジの法』(*Law in an Emerging Global Village*, 1998. 邦題は『顕れてきた地球村の法』)を著したフォークによると、これまで公共政策の主体とみなされてきた国家は、今日、先進民主主義国の政府をも含めて、ヘーゲルや国家主義者が期待するようには国民の福利を促進することができなくなっている。すなわち国家は、ネオリベラル思想の攻勢に対して受動的となり、国内における統治能力を奪われ、あるいは「グローバル化を増進させるための道具」に成り下がって、いまや「公共財の守り手としても、また自律的な行動主体としても、無能化している」のであった。(7)

フォークはまた、国家が国内におけるネオリベラルな改革に足をすくわれ、対外的な関与に後ろ向きで、グローバル・コモンズ（global commons）への貢献に消極的になっている点を憂慮していた。実際に、グローバル・イシューズが深刻化しているのとは裏腹に、反グローバル化の運動、ポピュリズムの台頭などによって、それらの解決のために国家同士が進んで協力することさえままならなくなっている。さらにフォークは、ネオリベラルが地球上の富や幸福を増進させるようにみえながら、逆に「人間の福利を改善しようとする努力に水を差してしまう」という逆説を指摘した。

ネオリベラルの哲学を批判する人々が「ワシントン・コンセンサス」と形容する、現下のグローバル公共政策は、地球上の人々が「共に豊かになる」という理想を不可能にするほど、一部の人々の利益や特権を不自然に増進させて、格差やディヴァイドを拡大させてしまった。フォークはむしろ、これまでのような国家間の協力による公共財の確保ではなく、市民が「規範的な約束事と情報への接近に基づいて行動するトランスナショナルなネットワーク」(8)に大きな期待を掛けている。フォークのみるところ、それこそが、ポスト・ウェストファリア体制への重要な契機を提供するのであった。

同様に『ワン・ワールド』（*One World*, 2004. 邦題は『グローバリゼーションの倫理学』）を著した倫理学者のピーター・シンガーも、ネオリベラルの推奨する経済の自由化や、それによる地球的な繁栄という共通目標は、「環境や資源が地球的な公共性である」という認識が各国の政策担当者に内部化されていない状態のもとでは公共善を悪化させてしまう、という逆説に触れている。

経済学の用語で厳格に判断すれば、地球環境が保護されない状態では、全体の福祉の最大化はいう

までもなく、自由貿易がパレート効率的な状態となることを期待できる根拠は何もないのである。(9)

シンガーは、「誰かに使わせないようにする」ことができないという意味で非競合財であることが明らかな地球環境が、グローバルな公共倫理の欠如や制度的な不備により乱獲、濫用されていることを、「共有地の悲劇」(tragedy of the commons)の比喩を用いて説明しているのである。もっとも、シンガーによると、そのような倫理や制度を、私有財産権の拡大や市場メカニズムの活用で代替できると考えることは、今日の環境問題の深刻さを理解していない証拠とみなされる。

『グローバル化時代の権力と対抗権力』(*Macht und Gegenmacht im globalen Zeitalter*, 2002. 邦題は『ナショナリズムの超克』)を書いたウルリッヒ・ベックもまた、グローバルな資本移動の自由が、ネオリベラルの思惑とは逆に世界の人々の福祉を低下させていると考えるひとりだ。ベックに従うと、公共性やデモクラシーは領土、国民、主権を備えた「国民的空間」でしか成立しないというノミナリズム、そして、組織された共同体が公共性の成立要件であるというヘーゲル(コミュニタリアン)的な考え方は、公共性が問題の克服を通じて「結果として」表われるという点を忘却していた。(10)

すなわち、ベックによると、国民国家でさえも、組織化された共同体が先在し、その成員である国民が公共性に尊重を払うという順序を辿って誕生したわけではなかった。国民国家という単位やその規模は、経済活動領域の拡大、統一市場や共通貨幣の要請、安全を広域で守る必要性などの「公共問題」の討議やその問題への対処が人々の組織化を促した結果であった。このことを思い起こす必要があるとベックはいう。

過去との類推によりベックは、今日におけるグローバル・イシューズのような「問題の地球的公共化」の自覚、さらにネオリベラルな資本の自由への抵抗や抗議が、国家ないし国家間とはまったく異なるコスモポリタン的な公共性創出の契機を提供するとみている。

コスモポリタン的感受性と道義性は、世界のネットワーク化によって自然に生じるのでは決してなく、自己の生存と万人の生存がもはや切り離せないことによって生じるのである。公的決定のグローバルな結果に対する驚愕と、そこから形成され、研ぎ澄まされた規範意識が、事後的に、つまり遡及的に、場合によっては「行為の公共的政治性」を生み出すのである。(11)

このようにして、今日、国家を唯一の公共性の担い手とみなして、グローバル公共性を国家の共存に限定しようとする立場、さらに資本の自由移動こそが人間共通の福祉を促進するという立場、これら二つを乗り越えるようなあらたな公共哲学の方向性が示され、社会運動や実践を導き始めている。

2　グローバル社会における公共性

ここで、いったん社会哲学の論争から離れて、国際社会や国際法の実践において国家を越える公共性概念がどのように生成してきたかをみたい。そうすると、上で述べたようなグローバル公共性の懐疑論に対抗して、国際社会が近代初期からすでに、地球公共性の定立のために多くの努力を払い、そこから教訓を引き出してきたことがわかるだろう。

「人間の社会」（societas humana）という考え方は古典古代よりみられるが、ヨーロッパではそれが一七世紀に特別な意味を帯びるようになる。当時ヨーロッパとその周辺国しかそこに含まれなかったとはいえ、地球を「大社会」とみなす考え方が法学者たちによって生み出された。この概念を用いる者たちは、主権国家より広い空間において公共性を構想することをも目指していた。たとえば、一七世紀オランダの万民法学者H・グロティウスによれば、この地球上には、すべての者が利益を得ることができ、すべての者が必要以上の負荷を掛けるべきではないとされる公共性が、確かに存在する。それらは、今日グローバル・コモンズと呼ばれるものに等しいだろう。

（1）海洋、南極、宇宙、深海資源

グロティウスは、『海洋自由論』（一六一四年）において、土地や領土は所有の対象となり、所有者を決定することができるが、大気と海洋は「万人共有」のものであるべきだと論じていた。自然法学者グロティウスの解釈に従えば、海洋は、その一部分でさえ、ある特定の民族の所有物とはみなしえない。[12] このような認識は、商業や貿易の利益と切り離せない海洋や河川の「航行自由」の問題として、一七世紀以降、各国家の政策担当者によって共有されていった。そして、二〇世紀においては、この同じ論理に従って、あらたに南極、深海資源、宇宙空間などが万人の共有物とみなされ始めた。公共財としてそれらの使用を制限することに各国が同意できたのは、もしそれらが一国家の私有に委ねられてよいことになれば、それらをめぐって武力を使った争奪戦が起きる恐れがあり、なお特定の国家ないし個人がそれらの占有に成功すると、人類に大きな不便や災厄がもたらされることが確実だったから。こうして二〇世紀も後半に入ると、グローバル公共財保護のための国際法や条約が整備され、各国がその使用にあたって尊重を払うべき公共財が条文に明記される。

たとえば一九五九年に合意された「南極条約」は、「南極地域がもっぱら平和的目的のため恒久的に利用され、かつ、国際的不和の舞台又は対象とならないことが、全人類の利益である」と謳っている。また、一九六六年の「宇宙条約」においては、「平和的目的のための宇宙空間の探査及び利用の進歩が全人類の共同の利益であることを認識する」という一文が挿入され、さらに一九九四年の「深海底制度実施協定」においても、「国の管轄権の及ぶ区域の境界の外の海底及びその下（深海底）並びに深海底の資源が人類の共同の財産である」と宣言されている。

（2）環境破壊という「公共悪」への対処

さらに、一九七〇年代以降新たに公共財の目録に加えられたのは、いうまでもなく、その汚染や破壊が深刻な問題となった大気、オゾン層、森林、土壌、河川や海洋などの地球環境である。その点、民間のシンクタンクであるローマ・クラブによる報告書『成長の限界』（一九七二年）は、人々の注意を土地、資源、食糧の地球的な制約に向けさせる上で決定的な役割を果たした。この有限な公共財としての地球環境に対するアプローチは、南極、宇宙、深海資源に対するそれとはやや異なっている。つまり、地球環境問題においては、その「破壊」や「汚染」を各国が「グローバル公共悪」と位置付け、その予防策を「グローバル公共政策」として共同で実施するのである。

いうまでもなく、二〇世紀半ば以降の人間活動の影響範囲の増大、移動にかかる時間の短縮、そして人間接触や物的交流の緊密化は、領土国家による公共財の管理という仕組みの前提を掘り崩していった。とりわけ人間活動の枠がほぼ無限に広がり、その影響やリスクという外部性ないし外部的な悪を、一定の空間内に留めることができなくなるという事態は、領土と管轄権の一致という考え方の不都合を明るみに出した。

今日では、危害を及ぼしたり干渉を加えたりする意図がなくとも、大気、河川、海洋を汚染させることで結果的に他国に影響を与えてしまうような産業活動が一般化している。隣国や周辺国からは、放射能に汚染された大気、酸性雨のもととなる粉塵などが飛来し、損害がもたらされる。隣国の工業化によって近海の温度が上昇し、生態系が損なわれ、漁獲高が大幅に減少したという事例も報告されている。

これをやや別な角度からみると、大気は、温暖化ガスや排気を蓄積し、それを浄化してくれるプールではあるものの、それはまさしく「共有地の悲劇」で語られる共有地であり、集合行為によって護られなければ、またフリーライダーを締め出さなければ、特定の誰かの過剰負荷や過剰使用によっていずれは使用が叶わなくなる。それを政策という集合行為によって護るためには、グローバルな制度（条約）が不可欠なのである。

こうしてわれわれは、誰が引き起こしたのかが判然とせず、その責任の所在がさほど明らかではないリスクに対しても、「地球のすべての人々を巻き込んで」立ち向かわねばならなくなった。しかもそのさいに、国家を越えて影響を行使し得るアクターすべてに、国外の不特定多数者に対する、つまりグローバルな公共性に対する責任意識を植え付けねば問題が解決しないことを学んだのである。そして国際社会は、このようなグローバル倫理の制度化という役割を、まず国際機関に担わせようとした。

人類がともに直面する「危害」、「災厄」、「脅威」の予防をグローバル公共政策として実施するため、一九七〇年代以降、多くの国際条約が締結されてきた。そこでは「世界中の人民の福祉」「人類の共通の関心事」などの表現が用いられ、地球環境の破壊が地球的な公共悪であり、その対策が公共善であることが確認された。

たとえば、一九七二年、国連を中心としたグローバル社会は、「人間環境の保護及び改善は、世界中の人民の福祉および経済発展に影響を及ぼす主要な課題である。それは、全世界の人民の願望であり、すべての政府の義務である」と明記した「人間環境宣言」を採択したのである。さらに地球温暖化ガスの脅威が認識され始めた一九九〇年代初頭、「気候変動枠組条約」（一九九二年）は、「地球の気候の変動及びその悪影響が人類の共通の関心事であることを確認する」と謳いこみ、同じ年の「生物多様性条約」もまた、「生物の多様性の保全が人類の共通の関心事であることを確認する」と宣言したのである。

3 グローバル公共政策の可能性

国家横断的な問題の発生に臨んで、国際社会は、上で述べたグローバルな公共性の制度化と同時に、問題に有効に対処できるような公的組織を作り、その解決に役立つような政策を執行する作業を始めた。それがグローバル・ガヴァナンス（global governance）と呼ばれるものである。現時点でそれが国家や領土政府の代わりを果たすということは到底できないが、グローバル・ガヴァナンスは、限界が明らかとなってきた領土的な統治を補完しつつ、グローバル公共政策の担い手として着実に成果を挙げている。

（1）政策が国境を越える

グローバル・ガヴァナンスという問題対処法の第一の特徴は、国境を跨いで政策主体を組織し、つまり疑似公共体を立ち上げて、その政策に国民という枠を超えて人々や団体を動員する点にある。そこにおいては、国連の諸機関、各国政府、多国籍企業、あるいはＮＧＯネットワークなどが協力関係を築き、協議、決定を行い、政策を執行するのである。問題の広がりに応じてその主体や対象の規模を拡大させ、たとえば大気、生物多様性の問題への対処のように、グローバル・ガヴァナンスが地球のあらゆる国々の領土、いや人類全体をそのステークホルダー（stakeholder＝利害関係者）に収める場合も少なくない。

これを経済領域についてみるに、G８、WTO、IMF、WB、BIS（国際決済銀行）、IOSCO（証券監督者国際機構）、OECD（経済協力開発機構）、UNCTAD（国連貿易開発会議）などが、世界経済の持続的発展、貿易の自由化、格差の縮小、金融の安定化、環境の保護などの国際経済問題への対処をコーディネイトし、ここに、ほぼすべての国やその企業、市民団体が加わっていた。

このガヴァナンスの目的は、まさしくグローバル公益であった。具体的に貿易ガヴァナンスを例に挙げれば、貿易および経済における国際関係が、地球上の人々の「生活水準を高め、完全雇用並びに高水準の実質所得及び有効需要並びにこれらの着実な増加を確保し並びに物品及びサービスの製作および貿易を拡大する」（「WTO協定」）ように、政策の統一を図り、制度上の共通の枠組みを提供することを意味する。

グローバル・ガヴァナンスが国家政府による統治と異なる点は、経済ガヴァナンスをみてもわかるとおり、前者が多中心的であり、その主体、対象、過程、財政がイシューの性格に応じて柔軟に決定されてゆくことにある。もっとも、その形態がイシュー次第で変わるとはいえ、それらの中には、問題対処の積み重ねによって安全保障レジーム、テロ対策レジーム、金融安定化レジーム、環境レジーム、原子力レジーム、人権レジームという形で持続化され、制度に結晶するものも多い。

注目すべきは、グローバル・ガヴァナンスにおいて、その主体が、各国政府や国際機関のみでなく、社会運動体にまで広がりを持ってきた点かもしれない。脱領土的な企業や市民の行動ネットワークは、国家の統治を補うばかりでなく、場合によっては各国政府に特定の政策実施を指示し、働きかけるという意味で、グローバルな公共の立場から「国家を指導する」ことさえもできる。紛争ダイヤモンドの輸入禁止、対人地雷の禁止、湿地帯の保護などのレジームの成立はその例とみてよいだろう。

さらに、ネットワーク型の問題対処と国境を越えるレジームが稼動し、グラスルーツの活動によるグローバルな組織形成が活発化することにより、伝統的な統治者－被治者というナショナル・アイデンティティに代わる新しい「グローバル公共的なアイデンティティ」が育まれることへの期待も膨らんでいる。かつて人間は、企業や労働組合などの個別の目的追求型の集団とともに、「ともに領土の法に服する」同胞住民に対して強いアイデンティティを抱いてきた。これが国家による領土統治を支えていたといっても過言ではない。このようなアイデンティティの抱き方に慣れた人々は、ともに公共を任うには「故郷をともにする」ことが第一の条件だと考えたのである。

しかしながら、問題対処のためのコミュニケーションの積み重ね、あるいはネットワークの普及に伴って、「グローバルな共治」ともいうべき空間が生まれ、それを支える開放的な連帯意識が形成される。この場合われわれは、「領土をともにすること」ではなく、「ともに問題対処の経験を積んでゆくこと」が地球公共的なアイデンティティを生み出すという、これまでとは違ったコースを思い描くことができる。

言い方を換えると、ネットワークによって越境的なガヴァナンスへ多くの人々が参加し、そこに人間的な血を通わせることができるかどうか、また、そのネットワークを使ってより多くの人々に問題意識を内部化させ、問題解決への貢献を約束させることができるかどうかが、脱領土的な公共空間の成否の鍵の一つとなっている。

（2）脱領土性と正当性のジレンマ

とはいえ、国際機関、地域機構、NGO、NPO、社会運動体が協力関係を築く問題対処のための公共ネットワークにも、多くの課題や疑問が残されている。

通信技術の進歩の恩恵を受け問題対処ネットワークが張り巡らされているとはいうものの、それらはグローバル公共体と呼ぶにも、またA・ネグリ＝M・ハートの描いた「マルチチュード」と呼ぶにも、あまりに貧弱な包摂の仕組みしか備えていないからであり、なお市民団体が他の市民団体と、またネットワークが他のネットワークと競合関係に立つ場合に、ガヴァナンスが「国境を越えた利益団体政治」に発展するという危険性を免れていないからである。

なるほど、ガヴァナンスの基軸は、中央権威による立法や領土的な管轄に拘らずに、ソフトローなどを使って問題を処理するという点にあった。さらにガヴァナンスとは、そもそも一国の管轄の「外部性」に、また排他的立法が不可能な場所に統治をもたらそうという発想でもあった。しかしまさしくそれゆえに、統治を行い、費用を負担する「主体」と、統治が適用されその便益を被る「客体」の範囲がきわめて曖昧であり、ガヴァナンスに出資された公的資源の管理の難しさ、そしてガヴァナンスの成果や恩恵を受けながら自国のコスト負担の最少化を優先するようなフリーライダー国を排除し切れない、などの複雑な問題がつきまとう。

ポスト京都議定書の環境レジームの成立を遅らせ、COP15で温暖化ガス削減の長期目標の策定を不可能にしたのが、環境保護というグローバル公益より、自国の経済負担増加の回避を目指すという「非協力ゲーム」の問題であったことはわれわれの記憶に新しい。このことを考えると、逆説的ながら、国家を代表する政府同士が「政治的（個別）意思によって」交渉を行い協力関係を強化するという伝統的な手法もまた、グローバルな公共性の重要なモーメントとしての役割を失っていないことがわかる。

ネットワークやガヴァナンスによる問題の解決法にとってとりわけ重要な課題は、これらの統治がある種の決定を「強制しうる」立場にあるにもかかわらず、国家とは違い、そこに正当性を供給するメカニズムが欠けている点だ。領土的統治では、対象となる国民が、選挙によって統治者やかれらの政策へ公的に正当性を付与している。外交や政府間会合も、参加者のそれぞれが国民を民主的に代表するかぎりは、そこに手続き的な正当性が供給されているとみてよい。これに比して、グラスルーツな運動によってネットワークへ参加する人々にたとえ「地球市民」という自覚があったとしても、かれらが領土的代表である政府あるいは外交団より世界の人々を「正当に」かつ「公的に」代表しているとは言い難い。

たとえば、国際社会がもっとも耳を傾けるべき最弱者、あるいは最貧国の人々は、資源や時間の不足によって、あるいは声を上げる方法を知らないことによって、ネットワークへの参加の機会を持ち得ない。言い換えると、弱者の声が過少に反映され、権利の表明に長けた富裕国、先進国の市民の声が過剰に反映されているという批判を、現下のグローバル・ガヴァナンスがかわすのは難しいだろう。

実際に、IMFやWBが融資の条件として途上国に課する条件（conditionality）、もしくは国連主導によるグローバルな問題対処によって不利益を被り、ガヴァナンスの予期せぬ効果によって損害を被った、ナルマダ・ダム建設の犠牲者のような「声なき人々」に対して、かれらを救済し、損害を補償する体制に不備があるばかりか、当該国際機関がその利害関係者に説明責任を負うという仕組みも不十分なままである。

要するに、ネットワーク自体がどれほど下からのインプットを汲み上げ、横の広がりを持ったとしても、それのみでは上位かつ包括的な公的権威に発展するとは考えられず、グローバルな公共性の十分条件を満たすものともみなされない。ここには、「グローバルな参加のパラドクス」や「新たな排除」という複雑なグローバル公共問題、やはり公正、公平、正義などの公共哲学概念の助けを借りて解決しなければならない問題が生じているのである。

（3）公開性、公平性、公共圏

このことは、世界の各地域、各階層の意見を、万遍なくつまり「公平に」代表することの困難さ、さらにいえば、国際社会で「公平無私」かつ「透明に」決定を行うことの難しさをも示している。この点を、グローバル公共性の担い手のひとつである国際機関の意思決定についてみてみよう。

なるほど、どのような国際機関でも、その機関で働く国際公務員に対しては、原則的にかれ／彼女を派遣した国家の利益の優先を禁じている。たとえば一九九四年に合意された「WTO協定」には、国際公務員が「その任務の遂行に当って、いかなる政府からも又はWTO外のいかなる当局からも支持を求め又は受けてはならない」と記されていた。さらにそこには、かれらは「国際公務員としての立場を損なうおそれのあるいかなる行動も、慎まなければならない」という原則が述べられている。

しかし、国際機関の多くが政府間組織であり、国益の妥協の上に成り立っていることを考えると、しかも、派遣された者のパフォーマンスが、派遣国に帰った折には国益の増進如何によって評価されることを考えると、この規定は現実と懸け離れたものと言わざるを得ない。実際に、国際公務員に公平無私のコードを強制できるものは何もなく、自身が代表する国家の利益を優先した場合にも、かれ／彼女が何らかの制裁を被るわけでもない。

公共性の重要な要素である「公開性」についていえば、国際機関の決定は、その下地が水面下での国益のすり合わせによって整えられることを考えると、交渉や討議の段階で議事録や発言を公開することは、それぞれの国内での不必要な反発を呼ぶ事態を招きかねず、スムーズな妥協の成立を阻害する。この意味で、国際機関の透明化が必ずしも賢明な改革とはいえない場合もある。このような非透明性の要請は、国際機関の議論をオープンにして、グローバルな市民社会や公共圏と接続し、その公共性を高めるという理想とは抵触する。

かつてカントは、公職に就いている者が、その役目を果たすために理性を使う方法を「私的な使用」とみなし、逆にその人間が公衆に語り掛ける場合に、かれは理性を「公的に使用」しているのだと解釈した。言論や公衆に向けての「語り」を、人類の道義的進歩のために必要な条件と理解したのである。[13] カントのこのような「公共」の語法には、国家や国際機関の内外における公開討論が人類進歩のドライヴになり得るという確信が滲み出ていた。たしかに、このカントの精神は、とくに国家を横断するメディアや市民の公共圏を考える際にはヒントとなるであろう。

グローバル・デモクラシーの旗手D・ヘルドは、このカントの「理性の公共的使用」を、市民を所属する国民国家への執着から、さらにかれが捕らわれている地域的偏見から解放するための、重要な手段だと認識している。[14] しかしながらこのカントの発想を、グローバルなガヴァナンスへ正当性を付与する市民的公共圏へ適用する場合にも、大きな困難が待ち受けている。なぜならば、N・フレイザーが言うように、ハーバーマスの定式化した公共性をはじめとして、ほぼすべての公共圏の概念が、境界付けられた政治共同体、国民的メディア、領域化された公共性、ウエストファリア的な政治空間を暗黙のサブテクストとしており、「現存する公共圏理論が、ほとんど手がかりを与えてくれない」からである。[15]

類似した問題が、国際機関がなすべき、国民国家の力学から離れた公平無視な意思決定、についても認められる。現在、国際機関の意思決定の方法には、（1）国連の安全保障理事会で用いられている有力国（拒否権を持つ五大国）代表に強い発言権を持たせ、それを各地域の代表が補完する方法、（2）国連総会で用いられている一国一票制、（3）責任の分担比率に応じて発言権や議決権を増してゆく加重議決権制度などがある。

くわえて、いまだに試みられたことはないが、民主的な代表制度として、各国の人口に比例する形で票を割り当てるという意思決定の方法も、仮想することができなくはない。しかし、いずれの方法を採るにしても、国民国家の利益を離れて、各地域、各文明、各階層を偏りなく代表することは至難といわざるを得ない。なぜならば、安保理の方法では、有力国や大国が優先され、G5（常任理事国）が拒否権を持っているからであり、なお一国一票制では、分担拠出金などの義務の果たし方とは無関係に、小国、途上国の意見が過重に代表されるからである。

なるほど、IMFは、一国一票主義ではなく、各国が同数保有するところの基礎票の上に、主に経済規模や融資への貢献で決定されるクォータの大きい国ほど票が余分に加算されるという「加重議決権制度」を採用している。一見して、負担や発言権とのバランスが計られているようだが、しかし、出資義務を果たした国ほど持票が多いということは、とりもなおさず現経済大国ほど発言権を多く持つことを意味する。

さらに、各国の人口に比例するような数の代表で組織される国際機関を仮想すれば、中国とインド、ないし両国の合意事項がほぼすべての決定を左右しかねないことを考えると、国際社会における「民主的（多数決という意味における）代表制度」の設計がいかに難しいかがわかるであろう。

ここからは、グローバル社会において公共空間を設立すれば、結局その「公共」の事柄を決定する「現実的な方法」は、公共政策に出資する余裕のある大国やその市民の意見を尊重することである、という悲観的な結論が導かれるかもしれない。また、グローバル公益とはつまるところ「誰かの利益」に過ぎない、という第1節で述べたノミナリズムが、再び頭をもたげてくるかもしれない(16)。

しかしながら、ここでわれわれは、民主的といわれる先進国の「国内における」代表制度もまた、理論家、実践化がさまざまな改良を加えながら、また新しい意思決定の方法を考案しながら、現在の公平かつ民主的といわれる水準に辿り着いたことを思い起こす必要があろう。つまり、グローバル・ガヴァナンスにおけるより良き代表制度の模索は、まだ緒に着いたばかりである。今後の改良の方向如何によって、「考え抜かれた公平性」の観点に立つ代表制度が、あるいは国家以外、たとえば文明、宗教、地域、企業、組合、市民団体を代表選出の母体とするような公的制度が生まれる可能性は充分にある。

「民主性の目減り」(democratic deficit)を指摘されつつも、特定加重多数決制度、小国優遇原則、補完性原理、欧州議会の権限強化などを実施することで代表制度の改良に取り組んできたEUは、その可能性の一端を示しているのかもしれない。

いずれにしても、グローバル・ガヴァナンスの課題は、地球的問題に対処する「組織や体制をいかに作るか」から、現在行われているグローバル公共政策に「人々の関心をどのように公平に反映させるか」へ移行しつつある。言い換えると、ガヴァナンスの正当性をいかに確保するか、ガヴァナンスにグローバル公共性をいかに注入し直すかという問題が、最重要課題として浮上しているのである。

注

（1）E. H. Carr, *The Twenty Year's Crisis, 1919–1939: An Introduction to the Study of International Relations*, Reissued with a New Introduction and additional material by Michael Cox (New York: Macmillan, 2001). pp. 42–59. なお戦争についても、それを国際政治学者が「公共の戦い」としたことに対して、批判的な言説分析がJ・B・エルシュタインによってなされている。彼女のみるところ、西欧の国際政治の中で用いられた私的‐公的な区別は、公的な生活（戦争がその代表）から女性を排除することで成り立っていた。Elshtain, *Woman and War* (Brighton: Harvester Wheatsheaf, 1987).

（2）G・W・F・ヘーゲル、長谷川宏訳『法哲学講義』（作品社、二〇〇〇年）、§ 336.

（3）M・ワイトは、国内の政治理論が「共通善」を追究するのに対して、国際理論は各国の「生存を目指す理論である」と性格付けていた。Martin Wight, 'Why is There No International Theory?' in Herbert Butterfield and Wight (eds), *Diplomatic Investigation: Essays in the Theory of International Politics* (London: George Allen & Unwin, 1966), p.31. 一方、ネオリアリストのK・ウォルツは、公共善について「大国それぞれがすべての国のために定義するものであり、それゆえ、それらの定義は相容れないものとなる」と論じていた。Kenneth N. Waltz, *Theory of International Politics* (New York: McGraw-Hill, 1979). 河野勝・岡垣知子訳『国際政治の理論』（勁草書房、二〇一〇年）、二七三頁。

（4）Raymond Geuss, *Public Goods, Private Goods* (Princeton: Princeton University Press, 2001). 山岡龍一訳『公と私の系譜学』（岩波書店、二〇〇四年）、九三―九四頁。

（5）Milton Friedman, *Capitalism and Freedom: Fortieth Anniversary Edition* (Chicago: University of Chicago Press, 2002). 村井章子訳『資本主義と自由』（日経BP社、二〇〇八年）、三六三頁；Friedman, *Bright Promises, Dismal Performance: An*

Economist's Protest (New York: Thomas Horton & Daughters, 1983). 西山千明監訳『政府からの自由』（中公文庫、一九九一年）、一四四、一三二頁。

（6）David Harvey, *A Brief History of Neoliberalism* (Oxford: Oxford University Press, 2005), 渡辺治監訳『新自由主義——その歴史的展開と現在』（作品社、二〇〇七年）、九五頁。

（7）Richard A. Falk, *Law in an Emerging Global Village: A Post Westphalian Perspective* (New York: Transnational Publishers, 1998). 川崎孝子監訳『顕れてきた地球村の法——ポスト・ウェストファリアへの視点』（東信堂、二〇〇八年）、六頁。

（8）同書、七頁。

（9）Peter Singer, *One World: The Ethics of Globalization* (New Haven: Yale University Press, 2nd Edition, 2004). 山内友三郎ほか監訳『グローバリゼーションの倫理学』（昭和堂、二〇〇五年）、一一七頁。

（10）Urlich Beck, *Macht und Gegenmacht im globalen Zeitalter: Neue weltpolitische Ökonomie* (Frankfurt am Main: Suhrkamp Verlag, 2002). 島村賢一訳『ナショナリズムの超克——グローバル時代の世界政治経済学』（NTT出版、二〇〇八年）、六一頁。

（11）同書、六一頁。

（12）Hugo Grotius, *Mare Liberum* (The Free Sea), Edited by David Armitage and Translated by Richard Hakluyt (Liberty Fund, 2004).

（13）カント、篠田英雄訳『啓蒙とは何か　他四編』（岩波文庫、一九七四年）。

（14）David Held, 'Globalization, Corporate Practice, and Cosmopolitan Social Standards', in Andrew Kuper (ed.), *Global Responsibilities: Who Must Deliver on Human Rights?* (New York: Routledge, 2005), pp.190–194.

（15）Nancy Fraser, *Scales of Justice: Reimagining Political Space in a Globalizing World* (Cambridge: Polity Press, 2008). 向山恭一訳『正義の秤——グローバル化する世界で政治空間を再想像すること』（法政大学出版局、二〇一三年）、一〇八—一三四頁。

（16）Ｐ・ナンズとＪ・ステフェックは、国際経済体制を先進国やエリートのものではなく真に公的なものにするためには、国際機関に意見をインプットできる「公共圏としての市民社会」を機能させることが必要だと考えている。さらに、ＷＴＯを例に挙げて、それを公共財に高めるために、とくに周縁化された人々をその公共圏に巻き込む努力が必要だと論じている。Nanz and Steffek, 'Global Governance, Participation and the Public Sphere', in David Held and Mathias Koenig-Archibugi (eds), *Global Governance and Public Accountability* (Malden, MA: Blackwell, 2005), pp.190–211.

第4章　脱領域的な正義の構想

はじめに

グローバル社会のような脱領域的な空間において正義を構想するさいには、固有の困難が立ちはだかる。そのひとつが、正義の前提としての相互性（reciprocity）の確保が難しい点である[1]。たとえば、「恩を仇で返される」ことが明白な場合は、正義が善行を為すようには命じていないところ、グローバル空間では、文化コンテクストを横断して為された善意が意図通りには解釈されないという状況、さらには善意が逆に善行者の生存を脅かすという事態が出現する。それはすなわち、戦争状態における一方的な武装解除であり、濫費や軍事費転用が明らかな独裁体制への開発援助である[2]。後者の場合には、先進国の人々に救援義務のあることが倫理合理的に示されたとしても、正義が実践される可能性は低くなる。しかも、かりに「衣食足りて礼節を知る」のが真実だとすれば、グローバル社会では、衣食が足りずに存続それ自体が最大目的となっている国家が多数存在する。そのような空間でつねに相手の礼節を期待すること、また相手に正義を強制することは難しいだろう。

D・ミラーなどのナショナリスト、M・ウォルツァーなどのコミュニタリアンの指摘を俟つまでもなく、伝統的な共同体（community）のほとんどにおいて、この問題は克服されている。そこでは、成員がアイデンティティや文化、価値観を共有しており、紛争が勃発したさいにも、それを暴力によらずに収拾するための正義が慣習化されているからだ。(3) たとえ法観念が未成熟だったとしても、「義を見てせざるは勇なきなり」といった倫理が共有されていれば、それが法律の代わりを務め、人々を為すべき行為へ導く確率は高くなる。儒教圏、とくに中国においてのように、法制度よりむしろ「扶助の精神」が社会道徳を育んでいる国も多い。

成員が権利－義務関係、そして連帯心で結ばれている国民国家（nation-state）では、法律が相互性を担保し、強制・制裁手続きが正義の執行を保障し、そのうえ教育が公民道徳や民主的文化を涵養するからには、正義が実践される可能性はなおさら高くなる。しかし、厳密な意味で一つの共同体や社会を成すとは考えられず、成員が同じ正義観を共有するわけでもないグローバルな空間において、「善意が意図通りに解釈されない恐れ」が正義の履行を阻むという状況は避けようがない。国境を越える正義の議論の中で、現実主義や相対主義の側に説得性が生まれてしまうゆえんである。

とはいえ、人類史において正義が境界を越えたことがなかったと考えることも、正しくないだろう。

異なった正義観を持つ二者が、利害の一致によって、あるいは「合意は拘束する」という正義によって共通の規則に従っていたという事例は、古代ギリシアの戦争慣習からアフリカ部族間の婚姻、イスラーム商人とキリスト教商人の取引に至るまで数多く報告されている。

とくに、一七世紀以降の西欧において、国家間の相互性を土台に推進されたヨーロッパ公法や国際法は、文化横断的な場面にまで適用され[4]、暴力や武力の抑制において地域の人々の道義化に一定の役割を果たした。次節以降でみるように、植民地の非正当化、差別・抑圧の禁止、戦争の違法化はもとより、大量虐殺の首謀者への訴追や処罰も、この国際（inter-national、間－国家的）正義の改良によって生み出されたものとみてよい。

いずれにしても、国際正義が、相互性の確保されない空間でその権威を各国に認められ、人々の道義性を向上させることができたのはなぜなのか。本章の目的は、その問いの解答を探し求め、同時に、グローバル化の中で顕現しつつある国際正義の限界を明らかにし、あるいは、グローバルな正義の概念化のためにどのような困難を乗り越えねばならないかを検討することにある。

1　国際正義の基本的性格

国際（国家を横断する）正義が整備されるきっかけとなったのは、宗教戦争である。三〇年戦争をピークとするキリスト教文明内部の戦争において、合理的な交渉や妥協とは無縁なセクトが武力行使主体を演じていた。その結果、内乱がただちに越境紛争へ至るような状況が生まれていた。

一六世紀、武力行使主体の実効支配者（君主）への限定を通じて内乱を終息させるという見通しが、P・ベリ、A・ジェンティーリ、B・デ・アヤラのような法学者によって示された。[5]かれらはまた、武力の行使者を「道義的主体」とみなし、その権利と義務を明確にする（もしくは制限する）ことで、相互性に基づく関係を構築できると考えた。

戦争状態の終結のためかれらが行った提案が、主権国家を基本単位にヨーロッパ社会を再編成するという構想として、のちにグロティウス、ヴァッテルに受け継がれて、万民法に結実するのである。この萌芽的な国際社会において、主権国家が共存のために守るべき正義を条約という形で明文化し、それを pacta sunt servanda（合意は拘束する）によって履践するという慣行もまた、定着をみている。

このように振り返ると、西欧国家システムは、武力行使の能力を有する各国家が、「領域を越えて自らの正義を適用しない」ことを互いに約束し、守ってゆく仕組みだったといい得るだろう。そして各国家によるこの必要最小限（minimal）の礼節の共有が、パワーという共通言語と勢力均衡というゲームのルールと組み合わさって、戦争の悲惨さを軽減したのみでなく、国家内に生きる人間の道義化（文明化）を促したことは、C・シュミットの繰り返し指摘したところである。[6]

ここで主権の相互尊重を誓約したのが、それぞれ広範な領域を囲う大国であった点が決定的に重要だろう。なぜならば、複数の大国が規範を領域内で立法により徹底させるという仕組みは、他の国がそれに倣わざるを得ないような状況をもたらし、その適用範囲を拡大させてゆくからである。たとえば、強行規範（jus cogens）の重要な内容である「奴隷的な処遇の禁止」も、大国の規範的な行動がモデルになって世界大に定着したものの一つとみなすことができる。

すなわち、一八三三年のイギリス帝国領内における奴隷制廃止法、一八四八年フランス第二共和制下のシュルシェールによる奴隷制廃止令など、複数の大国がその影響圏内で実効性を伴う規範を競って打ち出した。南北戦争後の一八六五年のアメリカ合衆国が、憲法修正第十三条で「自発的でない隷属」の禁止を規定するなど、他地域においてもこの規範を内部化するという動きがみられた。

領域を囲い、武力行使の主体となった者同士による取り決めとしての国際正義は、西欧列強の各地への進出、H・ブルのいう「ヨーロッパ主権国家システムの世界への拡大」によって、非西洋を巻き込んでゆく[7]。それまでスペイン植民地行政下にあったラテンアメリカ、帝国ネットワーク下に置かれていた中東、共同体が明確な境界を持たなかったアフリカ、華夷秩序と朝貢システムで暮らしていた東アジアなどが、主権国家によるゲームのルールの適用を受けることとなった。

主権国家間の共通規範としての国際正義は、第二次世界大戦後の一九五〇—六〇年代に植民地の多くが独立するさい、かれらが国際法の権威の尊重を約束したことによって、いよいよ普遍性を獲得する。戦後、国際正義が文明を越える承認を付与されたのは、西欧の力の優越もさることながら、それが相互性の保障を含み、国家へ理性的に行動するよう促し、その意味でどのシステムよりも合理性を多く含むと考えられたからに違いない[8]。

すなわち、このシステムにおいて、地球の隅々までが領域を持つ国民国家によって区画されるが、その区画の内部で国民は自らの正義を徹底させることが叶う。なお、各国民はその国家の代表者（政府）を選び、その代表が外交プロセスを通じて国際正義の再画定にも加わることができる。

もちろん、国家システムは、秩序の根幹を担う「大国」や強国の勢力均衡によって構築されたものに過ぎず、その点で多くの不正を孕んでいた。のみならず、国際連盟ないし国際連合において、とくに冷戦中はいうまでもなく、大国が特権、発言権、拒否権を保有し、時にそのエゴによってグローバルな規範の制定を阻むといった場面が見られた。しかし、「世界人権宣言」も米英の合意である「大西洋憲章」が礎となっており、さらに、ブレトンウッズ協定、IMF、IBRD、そしてGATTを中心とする戦後国際経済・通商のルール作りには、アメリカを中心とする大国が主導的役割を演じていたことを考えれば、大国中心主義も、むしろ相互性や実効性を高めるためのコストだったと解することができよう。

いずれにしても、冷戦中に西側やアメリカ同盟国の枠内で行われていた国際的な規範創造は、冷戦終焉後に、安全保障や人権以外の領域にも幅広く適用されるようになり、「マラケシュ協定」、「京都議定書」など、多くの国家を巻き込む形での多国間の規範創造へと発展していった。普遍的管轄権（universal jurisdiction）という画期的な仕組みを導入した「ローマ規程」の交渉過程、その結果としての国際刑事裁判所（ICC）の設置は、アメリカの影響力が薄れている証拠のみでなく、なお多国間の規範創造が大きな可能性を持っていることの証拠とみなすことができる。

2　グローバル化と国際正義の限界

国際正義という仕組みが、アナーキズム、フランス「革命外交」、マルクシズムなどによる道義的な挑戦を受けながら四〇〇年以上も生き残ったのはなぜか。いましがたみたように、それが領域内における独自の正義の執行を促し、領域間の秩序維持に必要な正義を培ってきたからである。事実それは、境界を越える干渉や武力行使を一定限度に抑えることでアナーキーを防止し、自治やデモクラシーの保障である民族自決原則を確立することで帝国の野望をも打ち砕いてきた。

しかしながら、二〇世紀後半に加速されたグローバル化は、とくに相互依存やネットワーク化の進展を通じて、国境を越える危害、抑圧、排除などのグローバルな正義なくしては対処できない問題群を噴出させた。以下にみるように、われわれはそれらの問題へ、国際正義やその拡張をもってしても対処できなくなっている。

まず、国家が国内デモクラシーに導かれて正しくふるまうことができ、人間は国家のもとで道義的に生きることができる、という仮説の妥当性が奪われつつある。(9) なぜならば、グローバル化のおかげでわれわれの許に届くようになった情報は、多くの国家が、「道義的に不適格」であり、国家システム全体が「道義的に正当化し得るものではない」ことを告げており、なお、グローバル化とともに広がった共感ネットワークに加わる人々が、それらを道義的に許容できないと考え始めているからだ。

二〇〇弱の独立国家や独立地域を見渡したとき、民主的ないし共和的である国家、制度的に人権の保障が充分である国家を数え上げても、おそらく半数に満たないだろう。国家のなかには、成員が武力による生存競争に明け暮れ、国内で法治関係を築くことのできないほど「弱い政府」を戴き、また政府が支配エリートの「ゆすり、たかり」の手段に変わっているものも多く見受けられる。

他国の干渉から独自の価値観を護り、国民の理念を実現させるために認められているはずの主権も、ある国家の人々にとっては道義的に生きるさいの障害に映っていた。なぜならば、この権限が壁となり、弱者、少数派、反体制派などに対する強権政府の不正義が「免責」され、さらには国外からの支援によって不正義を取り除く途も、失われてしまうからだ。ミャンマーの軍政についていえば、レアメタル、レアアースを得る機会を失いたくない日本、中国、東南アジア各国が、文字通り現地政府との「外交的な」お付き合いを続け、その体制の維持に荷担した側面があることは否めない。この場合、むしろ先進国ないし近隣国の政策担当者の側が、国際正義の「内政不干渉」を隠れ蓑にして、不正義を不問に付している。

Th・ポッゲの指摘するように、途上国が貧困から抜け出すことを遅らせ、軍事クーデタにインセンティヴを与え、独裁政府、強権政府が居座ることを許し、そこに生きる国民が道義的生活を送ることを不可能としているのが現下の国際政治経済システムであるにもかかわらず、先進国の政府と市民においては、その不正なシステムを維持しているという自覚が薄く、そのシステムの特権的受益者になっているという認識が乏しいのである。(10)

さらにいえば、この政治経済システムの正当性は、グローバル化がそこに付け加える不正義ないし暴力が原因で、ますます疑わしいものになってきている。しかもグローバル化は、各国の規制緩和、自由化などの政策によって、また、国際機関による改革への助言や融資の条件付けによって、そしてネオリベラリズムという思想、ないしそれを伝播させる大国アメリカの影響力によって、意図的に推進されていた。

したがって、外交、合意、条約という「手続き的正義」に従っているからという理由でそのシステムを「道義的に中立であるもの」あるいは「不正でないもの」と考え、また、WTOが先導するグローバル貿易システムを「マラケシュ宣言」の文言通りに「自由で公正な貿易」とひとが呼ぶのであれば、そのひとは、人間の行為やその結果に対して無条件で道義的な免責性を与えるという、理論的かつ実践的な過誤を犯すことになるだろう。

さらに、道義的主体としての国家を想定することは別の問題を引き起こしている。もとより主権は、国家に自由を保障してきた。それはまた、自由を与えただけではなく、それに伴う責任、たとえば国際法の尊重、内政不干渉、武力不行使などをも国家へ課してきた。もちろん、各国が理論通りに義務を履行すれば、「一国が他国へ危害を及ぼすような不正義」を阻止することができた。

しかし、グローバル化された世界においては、「主権的ではない主体」の影響力が増している。たとえば、グローバル企業、グローバル金融機関は、国家を越えるパワーや金融力を持ち、マーケットを左右するばかりか、地球や地域の環境を変化させ、各地の人々の生活に影響を及ぼしている。私的企業、私的個人もまた、原子力などのエネルギー技術、ネットを操るサイバー技術の誤った使用もしくは悪意に基づく使用によって、不特定多数の人間に越境的危害（harm）を加える可能性を持っている。

他者に危害を加え、不正義に手を染める主体は、もはや武力を持つ主権国家のみとはかぎらない。にもかかわらず、国家以外の主体は主権的存在とみなされず、したがってかれらは、国家政府による規制の対象とは成り得るが、グローバルな道義的追及の第一義の対象とはみなされていない。多国籍企業についていえば、むしろ各国の規制緩和、自由化によって、主体としての「自由の度合いが増した」と感じているものの方が多い。

現下の国家システムにおける非国家的主体への責任追及の限界は、テロリストや武装勢力による暴力に対処するさいに、よりいっそう深刻な問題を引き起こしている。かれらが、グローバル化に乗じて活動範囲を広げ、また武器調達が容易になったおかげで国家警察とも渡り合えるほど重武装することができるからである。しかるに、国連憲章には加盟せず、それゆえ武力の不行使を約束していない彼らに対しては、伝統的な国家の管轄をもってするほか規制を施すことができないし、テロによる損害に対して賠償を請求できないのである。

アルカイーダという非国家的集団に制裁を施すためといって、アフガンとの「国家間戦争」に手を染めねばならなくなったアメリカとその同盟国のふるまいは、国際正義、そして国連＝国際法体制の矛盾を示す機会となった。つまり、国際社会が大規模国際テロに対処する場合に、国際正義に従えば各国家の領土的管轄権に頼るほかないことになる。しかし、それでは実効性を確保できないため、軍事大国アメリカが、特定の「国家に対して」領土内のテロリストを差し出すよう圧力を掛け、従わない国家へ武力を行使するという新しい構図が生まれていた。

国際正義の限界を示す問題として、最後に、国家内集団の正義の要求を国際社会が黙殺するという問題に触れないわけにはいかないだろう。連合国の戦後処理プランに基づく現下の国際秩序は、実効手段を持つ大国、核の保有国、国連安保理のG５などの安泰と、それらの良好な関係の維持を重視してきた。ここで生ずる問題とは、正義より大国間秩序が優先されてしまうことである。

たとえば、イスラエルとパレスチナが同程度の軍事力を行使したとして、イスラエルの行使は正当な治安行為にあたるが、パレスチナのそれはテロ行為とみなされる。少数民族パレスチナ人の自治政府が正規の国家として承認されれば、かれらには国際正義に則って「武装する権利」が付与される。けれども、かれらにこれを与えることの結果（地域全体の不安定化）を恐れるあまり、イスラエルやアメリカはパレスチナ自治政府に「国家としての承認」を与えることを拒むのである。

3　グローバルな正義の概念化のために

グローバルな正義への展望を拓こうというわれわれにとって、I・カントによる国民国家の位置付けほど示唆に富むものはないだろう。カントは、自由かつ共和的な諸国家による連合を唱えた。しかし、理性的な存在である人間に相応しい公民状態を築くのに、それのみでは充分でないと考えた。

カントにとって、国民国家は道義的にみて適格なるものとはいえず、人間にはより相応しい道義共同体を模索する義務が課されている。それゆえカントは、地表を自由に移動できる権利すなわち「訪問権」を、領土主権によって妨げられるべきでない人間の権利と捉え、それをコスモポリタン権（ius cosmopoliticum）と名付けたのである。[11] グローバルな正義の概念化のためにわれわれが持つべきは、このような暫定協定（modus vivendi）としての国家観かもしれない。そして今日、国家システムや国際正義のさらなる道義化へとわれわれを導いているのは、カントのいう高次の道義共同体を構築する義務に加えて、人々が境界を越えて移動するグローバル化という現実と、それがもたらすさまざまな課題でもある。

前節でみたように、腐敗政府や強権政府の正当性を支えているのが、グローバル化による国家システムの浸透、経済的な相互依存、そしてそれらの政府との友好的なお付き合いであるとすれば、そのシステムは正義に適うはずがなかった。しかも、現下の世界システムが、キリスト教、イスラーム教、ヒンドゥー教、仏教などいずれの正義に照らしても正当化し得るものではないこと、むしろ「それを否定する側に合理性がある」こともまた明らかであった。

道義的にみて、より合理性に適った空間を手にし、より道義的な生活を送るために必要な作業は、単一ではないだろう。前節までの議論をもとに、先進国の政府や市民が取り組むべき課題として、ここではとくに（1）国家システムそれ自体の規範化、そして（2）国家システムに影響を行使し得る規範的ネットワークの構築、という二つを挙げておきたい。

まず、国際社会においてわれわれが「中央による立法」という形で体制変革を行うことができず、また「国連の改革」、「国連憲章の改正」というオプションが遠のいているからには、グローバルにみてより正当な体制の構築は、体制の方向性を決する影響力を持ち、グローバルな広がりを持って行動する大国や国際機関の規範的な改良によって果たすほかない。もちろん、大規模な所得移転の制度化やポッゲのグローバルな資源配当（GRD）といったグローバル課税の実施も重要ではある。しかし政治学的な観点からみた場合に、国際システムに反映される関心や利害の歪みを、それを担っている機関の「代表制の改良」によって是正してゆくのが、より現実的な方法であるように思われる。

たとえば、現下の経済ガヴァナンスを執行しているWTO、IMF、WBなどの主要機関は、公正より効率を、個人の福利より国家の発展を優先させてきた。意思決定が不透明であることに加え、理事会には経済大国の意思が過重に代表され、さらにそれが策定し運営する政策も、コンディショナリティーを通じて各地域の人々（ステークホルダー）へ甚大な影響を及ぼすにもかかわらず、影響を受ける人々によるコントロールには服していない[12]。

したがって、グローバル・ガヴァナンス、とくに国際機関の意思決定の過程に、被排除者、被抑圧者、被搾取者、あるいは彼らの代弁者などをより多く加えてゆくことが、国際システムの規範化の第一歩とみなされる。経済弱者や安全弱者をこのようなプロセスに参画させることが必要なのは、それが、かれらをグローバルにエンパワーし、かれらの被っている不正義に対する先進国の責任について、人々へ自覚を促すからである。

他方で、グローバル社会を活動の舞台とするＩＮＧＯ、市民団体、社会運動などの主体が、国家や政府間組織に頼らない「規範的ネットワーク」を構築し、その影響力に見合った責任を果たしてゆくことも、システムの規範化に貢献し得るであろう。そのさいに、使命や責任が言語定式化されるもっとも重要な契機は、国民としてではなく市民ないし人間として交わされる「対話」ではなかろうか。先のカントのコスモポリタン権は、今日のコンテクストにおいては、まさしく国境を越えた公共圏やコミュニケーションへのアクセスの権利に読み換えることができる。(13)

グローバルな正義のための対話には、話し合いや交渉、コミュニケーションに加え、応答責任を課するような批判が含まれる。ここでわれわれは、人々が対話を通じて「合意」へ至るといったナイーヴな見通しを抱く必要はない。むしろ相互批判によって道義の主体を浮かび上がらせ、誰がカウンターパートかを明らかにし、グローバルな公共意識を高めることこそ、対話の役割と考えることができる。

Ｒ・フォーク、Ｊ・Ｓ・ドライゼク、Ｍ・カルドーなどが、外交的対話に劣らぬほど重要な位置付けを与えたグローバル市民社会の討議イニシアティヴは、すでに、ＡＳＥＡＮ協議会（賢人会議）、世界社会フォーラムのような場で実験されてきた。くわえて、オタワ（対人地雷禁止）・プロセス、オスロ（クラスター弾禁止）・プロセスにおいてのように、それらは、諸国家を規範的な方向に導くという点でも実績を重ねている。

国際機関と市民社会との道義的な協業の可能性についていえば、ＩＬＯが「公正なグローバル化のための社会正義に関する宣言」（二〇〇八年）を採択するなど「正義の実現」に積極的であるのは、さらに、各国政府を規範化するほどの成果を挙げているのは、その機関の主宰する対話に社会（非国家的）アクターが多く加わったからだと考えられる。

一方、「正義の強化」を謳い込んだ「グローバル・デモクラシー憲章」（Charter 99）のように、非国家的主体が、自らのグローバルな使命や責任を一歩進んで「倫理綱領」の形で書き記すという動き、また倫理意識が問われている多国籍企業が、行動憲章への加盟によって倫理性を高めようとする動きも活発化している。「国連グローバル・コンパクト」（UN Global Compact）は、各企業が国家をバイパスして、国連とともに倫理的に行動することを誓約するという先進的な試みであった。

いずれにしても対話は、明確なルールと代表制に基づいていなければ、権力者の自己宣伝や権威付けの場に堕する恐れがある。グローバル市民社会それ自体も、単なる利益団体政治のアリーナに代わり得るかもしれない。したがって、グローバルな正義を導く対話を機能させるには、ルールの確立が急務である。第2章でみたように、ここにはハーバーマスの討議倫理、カントによる理性の公共的使用、アダム・スミスの公平な観察者などの適用が可能であり、政治哲学、法哲学からの貢献が期待されている。

学問的世界からの取り組みについていえば、キケロの一節「他者に不要な危害を加えるものは人類の敵である」を手掛かりにしつつリンクレイターが構想した「無危害コンヴェンション」は、リベラルの共存倫理をグローバルな場面に適用した理論として、実践への応用が待たれている。[14] かさねて、実際に影響を被る人々（the affected）へのアカウンタビリティーに焦点を合わせたグローバルな「ステークホルダー理論」の開拓もまた、政治哲学や法哲学がグローバルな正義の概念化に寄与する有力な方法の一つかもしれない。

注

（1）筆者は、相互性の問題についての示唆をD・ジョンストンから得ている。ジョンストンは、近代以降の正義論においてカント主義と帰結主義のみに関心が集中していた点を批判し、領域を越える正義の展開を知るには、「相互性としての正義」の系譜を掘り起こす必要があると論じていた。David Johnston, *A Brief History of Justice* (Oxford: Wiley-Blackwell, 2011), pp.1–5; 223–32.

（2）相互性の確保は国家間に正義が適用される条件であり、相互性の欠如が国際関係の不安定化の原因になっているという解釈については、David R. Mapel, 'Justice, Diversity, and Law in International Society', Mapel and Terry Nardin, *International Society: Diverse Ethical Perspectives* (Princeton: Princeton University Press, 1998), pp.240ff. を参照せよ。

（3）したがって、コミュニタリアンにとって、thick な（根付きの深い）道義が成立する場は、ひとり伝統的かつ領域を持つ共同体のみであるということになる。押村高『国際政治思想――生存・秩序・正義』（勁草書房、二〇一〇年）、九六―一一三頁参照。

（4）その証拠とみなされるのが、オスマン・トルコが一八五六年より西欧国家システムに加わり、そのゲームのルールに則って行動したことである。Martti Koskenniemi, 'Legal Universalism: Between Morality and Power in a World of States', Sinkwan Cheng (ed.), *Law, Justice, and Power: Between Reason and Will* (Stanford: Stanford University Press, 2004), pp.50–51.

（5）戦争の主体の確定と主権者の義務の明確化が、相互規定的な関係にあった点については、以下を参照せよ。押村高『国家のパラドクス――ナショナルなものの再考』（法政大学出版局、二〇一三年）、五九―六三頁。

（6）シュミットによれば、主権国家秩序がもたらした偉大な成果とは、「国家間戦争の性格を鈍化させた」こと、つまり「戦争を正規軍のものに限定すること」などを通じて、「住民や私有財産を保護」したことであった。'Staat als konkreter, an eine geschichtliche Epoche gebundener Begriff', Verfassungsrechtliche Aufsätze, 1958. 長尾龍一訳「ジャン・ボダンと近代国家の成立」『カール・シュミット著作集Ⅱ』（慈学社出版、二〇〇七年）、一二四―一三〇頁。

（7）Hedley Bull, *The Anarchical Society: A Study of Order in World Politics*, 3rd edition (New York: Palgrave, 2002), p.20.

（8）国際社会が国家を道義的主体に設定してきたのは、国家が自己利益を明確に知り得て、合理的な主体と呼ぶのにもっとも近い存在であったから、という興味深い解釈を提示したものとして、以下を参照。Jack L. Goldsmith and Eric A. Posner, *The Limits of International Law* (Oxford: Oxford University Press, 2005), pp.4–10. なお、国際正義を論ずるさいにJ・ロールズがみせる国家への強い拘りも、かれの正義論が「民主国における個々人の合理的関係」と「諸国家が築く合理的システム」という二重の合理性のイメージによって規定されていたことを考えれば、説明が付くだろう。ロールズの国際正義論の持つ「デモクラティック・ピース論」との親和性については、以下を参照せよ。Ciaran Cronin and Pablo De Greiff, Introduction: Normative Responses to Current Challenges of Global Governance, Greiff and Cronin (eds), *Global Justice and Transnational Politics* (Cambridge Mass.: The MIT Press, 2002), pp. 8; 31.

（9）以下は、グローバル化の中で、国家を「道義的主体」とみなし続けることができるかどうかを議論している。Onora O'Neil, 'Agents of Justice', Andrew Kuper (ed.), *Global Responsibility: Who Must Deliver on Human Rights?* (New York: Routledge, 2005), pp.37–52.

（10）Thomas W. Pogge, 'Eradicating Systemic Poverty: Brief for a Global Resources Dividend', *The Journal of Human Development*, Vol.2, No.1 (2001); *World Poverty and Human Rights* (Cambridge: Polity, 2002); 'Real World Justice', *The Journal of Ethics*, Vol.9 (2005) など参照。

（11）カント曰く、「すべての人との共同体をこころみる、その目的で地球のあらゆる場所を訪ねるというコスモポリタン権が廃棄されてはならない」。Immanuel Kant, Die Metaphysik der Sitten, 1797. 樽井正義ほか訳『人倫の形而上学』『カント全集11』（岩波書店、二〇〇二年）、二〇五頁。

（12）WB、IMF、WTOの正当性の不足を正義という観点から論じたものとして、以下がある。Ngaire Woods, 'Held to Account: Governance in the World Economy, Andrew Kuper (ed.), *Global Responsibilities: Who Must Deliver on Human Right* (New York: Routledge), 251–65; Wood, 'Order, Justice, the IMF, and the World Bank', Rosemary Foot, John Lewis Gaddis, and Andrew Hurrell (ed.), *Order and Justice in International Relations* (Oxford: Oxford University Press, 2003), 80–103. などを参照。

（13）ハーバーマスは、『他者の受容』の中で、カントの「コスモポリタン的状態」についての陳述を、グローバルな共感やコミュニケーションが世界規模の公共圏の形成を促すことの予言と捉え、さらにカントの所論を修正して、コスモポリタン権を、その権利を守るように国家さえ強制できるような「個人の不可侵な権利」として定式化し直すことを提案している。Jurgen Habermas, Die Einbeziehung des Anderen: Studien zur politischen Theorie (Suhrkamp Verlag, 1996). 高野昌行訳『他者の受容――多文化社会の政治理論に関する研究』（法政大学出版局、二〇〇四年）、二〇二―二二一頁。

（14）Andrew Linklater, 'Cosmopolitan Harm Conventions', Steven Vertovic & Robin Cohen (eds), *Conceiving Cosmopolitanism: Theory, Context, and Practice* (Oxford: Oxford University Press, 2002), pp.554–567; A. Linklater and Hidemi Suganami, 'Cosmopolitanism and the Harm Principle in World Politics', A. Linklater and H. Suganami, *The English School of International Relations: A Contemporary Reassessment* (Cambridge: Cambridge University Press, 2006), pp.155–188.

第5章　グローバル化というデモクラシーにとっての試練

はじめに

グローバル化の中で、領土的な国民デモクラシー、また領土区画に基づく代表制デモクラシーの機能不全が問題となっている。それを受けて、D・ヘルド、D・アルシブッギ、J・S・ドライゼク、R・フォークなどを代表とする政治学者、国際法学者は、国境を越えるデモクラシーへの展望を導いてきた。しかしながら、各国デモクラシーの機能低下、国際機関の正当性不足の解決策として呈示されているグローバル・デモクラシーの「デモクラシー」が、理念、運動、方法、制度、機構などへの概念分化の進んでいるデモクラシーのうちのどれを意味するか、デモクラートたちに合意があるわけではない。

実際に、国家レベルで失われたデモクラシーを回復するために、EUのようなトランスナショナル・レベルでのデモクラシー空間の必要性を訴える理論家がいれば、グローバル・デモクラシーを一つの運動とみて、地球環境保護、格差や貧困の解消などのグローバル・イシューズの解決をその目標に据える論者も存在する。なおそれを、市場や資本が先導するグローバル化に抗するための、「下からのグローバル化」（globalization from below）と同義で使っている実践家もいた。(1)

かつてダールは、古典的名著『規模とデモクラシー』（*Size and Democracy*）において、国家、地域機構、国連などの規模の異なる政治体が競合した場合の市民の忠誠心について触れ、「国民国家を越え始めた複雑な政体における忠誠の問題は、よりいっそう難しいものになる」と述べていた。(2)グローバル・デモクラシー論は、この「忠誠」という問題に関しても、解答を与えるより新たな疑問を提出した、といった方が適切だろう。

そこで本章では、グローバル・デモクラシーの台頭の背景やその理念の妥当性を分析し、とくにそれが、平等、参加、自己支配、多数決、透明性、説明責任など、これまでわれわれがデモクラシーの基準として言い慣わしてきたものを満たすかどうか、検討してみたい。さらに、グローバル・デモクラシーの内包が多様である点を確認したのち、その構成諸要素間に緊張関係の生ずる恐れのあることをも指摘してみたい。

もっとも、グローバル・デモクラシーについて批判的検討を加える時期に差し掛かっているわれわれも、グローバル空間に制度化された政治や統一された政府が存在しないことを根拠に、国家横断的なデモクラシーはもとよりグローバルな支配（cracy）について語ることはできない、と唱えるリアリストへ与することはないだろう。

なぜならば、国際社会に世界政府は存在しないが、諸大国によって「秩序」が維持され、また多国籍企業、国際金融資本、あるいは市民社会によってパワーが行使され、さらに国連や国際機関によって開発、環境、軍縮、対テロの「政策」が執行されるなど、たとえ国内の類推からみるときわめて不十分なものであったとしても、そこには、紛れもなく政治や統治の要素が認められるからである。

問題は、国境を越える支配、決定、政策にはデモクラティックとみなし得ないものが多いが、それらを取り除こうとする人々の間で、ヴィジョン、路線、期待値についての不一致があり、混乱が生まれてしまう点だ。たとえば、国際機関やグローバル・ガヴァナンスを、より自由で公正なグローバル社会を樹立する拠点とみなす国際公務員のいる一方で、それらは意思決定が不透明であり、大国や強国、そして資本の利益を擁護しているに過ぎないと評する運動家もいる。あるいは、グローバル・サウスの声なき多数者をグローバルな政策に反映させるべきと考える人々の傍らに、グローバルな多数決という仕組みが専制政治に途を拓くことを危惧する理論家がいる。

そこで本章では、国境を越える政治の正当性を高める方法の一つとしてグローバル・デモクラシーを取り上げ、その射程と限界を明らかにしたい。

1　グローバル化とデモクラシー後退論

グローバル化の中での越境的な経済パワーの出現、領土的な管轄権の流動化、決定空間のトランスナショナルな再編は、デモクラートたちに危機感を抱かせた。それらの影響を受けて、デモクラシーの根本原則の一つである統治（支配）者と被治者の一致、つまり自己決定の原則が揺らいでいるからだ。

もはや、国家政府が有効な政治権力を持つとはみなされない。有効な権力は国家、地域、国際レベルでさまざまな勢力や行為者により共有され、交換されている。運命を共有する政治的共同体という考え方は、そして、自らのアジェンダや生活条件を形成する自己決定的な集団という考え方は、いまや単一の国民国家の境界の内部でだけ意味を持つものではなくなった。(3)

とくに、国民生活に多大な影響を及ぼすにもかかわらず、国家政府の規制が及びにくく、またそれゆえに市民のコントロールの利かないグローバル・エコノミック・パワーのような権限体の出現は、デモクラシーが危機に立たされていることを実感させた。そしてそのようなパワーへの警戒が、国家を横断するデモクラシー運動の台頭の背景を成している。

トランスナショナルな資本や企業はかつて、一九八〇年代のアングロ・アメリカン諸国で、消費者やメディアとともに、規制緩和や自由競争を推進し、効率性の概念を政治や行政にまで行き渡らせるなど、各国のデモクラシーを向上させるものと期待された。しかし、そのグローバルな影響力が感知され始めた一九九〇年代以降、それはますます多くの人々によって、アンデモクラティックなパワーとして認識されてゆく。

実際に二一世紀に入って、経済、金融の領域では、グローバル・マーケットにおいて出現したエコノミック・パワー、それらを保護しているようにみえる国際機関や国際公共政策、そしてそのトレンドを反映する「格付け機関」などの私的権威体が、民主国の経済政策、社会政策に制約を課してゆく。より自立性の弱い途上国政府の中には、一九九七年のアジアの金融危機の折、国際金融資本のオペレーションによって財政破綻に追い込まれるものも出ていた。

さらにまた、グローバルな資本は、収益性の論理にしたがって投資の集中投下、一斉引き揚げ、工場の閉鎖や移転などを行い、地域の住民の政治経済やその自立性に決定的な影響を与える。グローバルな企業の進出は、各地域の景気、雇用、厚生などに多大な効果を及ぼすところ、住民に説明責任を負わないそれら企業の戦略的な退出が、一国や一地域の経済や福利に打撃を与えるようになっていた。こういった状況は、市場が地域の人間関係ないし社会関係から切り離されてしまったことをも示していた。

なるほど、企業が一国の領土内で活動するかぎりにおいて、国家がそこにコントロールを及ぼすことは原理的に不可能ではない。依然として政府は、国民の意思表示である選挙結果を参照しながら、信用の創造、担保、強化、そして課税や規制などを執行する能力を手放してはいない。とくに地域色の強い労働力については、国籍、市民権、課税権などを使ってインフローを規制するという姿勢を崩そうとしないだろう。

にもかかわらず、多国籍企業や国際金融資本は、徐々に国家のコントロールをすり抜ける能力を蓄え、国家からの自立性を高めてきている。さらにかれらは、途上国政府などとの取引関係において優位に立つための交渉資源を手にしている。このような資本の力の「越境性」と伝統的な統治空間の「限定性」というパラドクスが、政治の現実を「統治者と被治者の一致」というデモクラシーの理想からほど遠いものにした。

もとより、デモクラシーの最新の理念に従うと、決定権限の保持者に対して、決定の影響を被る人々への説明責任を負わせなければならない。権力者は無規制のままに置かれるべきではなく、対抗権力や反対勢力を樹立する必要もある。この理念をもとにデモクラシーを実践するには、台頭しつつあるグローバル・パワーの規制のために、国境を横断して作動するような、領土国家に代わるカウンター・パワーが必要だと考えられた。その母体を形成するものが、国家横断的な「社会運動」や「市民運動」だとみなされた。

いうまでもなく、この運動には、とくに左翼や新左翼の知識人や活動家など、これまで各国の枠内で資本の論理へ抵抗を試みた人々の多くが合流していた(4)。運動としてのこのグローバル・デモクラシーは、「サミット会議」などに対するアクティヴィストたちの抗議、WTOなどへの抵抗により衆目を驚かしたのちに、次第にその標的を、グローバル化やグローバリズム、そしてネオリベラリズムそれ自体に向けていった。

九〇年代半ば以降、さらにかれらは、受身の姿勢（reactive）ととられる反発や抵抗でなく、積極行動（proactive）による創造やグローバル・ガヴァナンスへの貢献の道を模索してゆく。その結果として生み出されたのが一九九九年にウィーンで宣言された「グローバル・デモクラシー憲章」（*Charter for Global Democracy*, 1999）であり、その成果の一つが、資本のグローバル化に対抗して「社会のグローバル化」を推進しようという「オルター・グローバリゼーション」や「下からのグローバル化」の運動であった。

2　あらたな運動主体の探索

先進各国の政党や政治家にとって、保守政党であるか社会民主主義政党であるかを問わず、どれほど魅力的な政策を公約し選挙で勝利しても、市場やリソースに課されるさまざまな制約からそれらを実施に漕ぎ着けることが容易ではない。グローバル・デモクラシー運動の推進者にとってこのような事態は、政府が弱体化した証拠というよりも、むしろ政府そのものが国民の庇護者たる地位を打ち捨てて、多国籍企業や国際資本の援護者を演じている証拠と思われた。

「制度化された」国民デモクラシーへのこのような失望が、「オールタナティヴな」政治運動の動源となり、運動を進めてゆく過程においてトランスナショナルな地平が拓かれたのである。したがって、このデモクラシーの運動は、グローバル化以前に先進デモクラシー各国でみられた、専門政治家や官僚の政治に代わる「市民による政治」や、「下からの公共空間樹立の運動」の、地理的拡大や越境と捉えることもできる。

すなわち市民が、「選挙代表を通じて意思を政府に伝達する」という仕組みに限界を感じて、グローバル化による参加機会の拡大を活かした新しい政治の形を模索する。その結果として、脱国家的かつ脱領土的なアクティヴィストの行動ネットワークが組織され、それらが、グローバル・デモクラシーという共通の目的や理念のもとに行動することになった。

このようにみてくると、運動としてのグローバル・デモクラシーの台頭は、グローバル化に伴う、「国民」に収斂されないアイデンティティの噴出や拡散、政治的忠誠心の流動化とも深い関連のあることがわかる。この新しいデモクラシー運動は、アイデンティティの揺らぎや拡散を、デモクラシーの危機と同時にデモクラシー再興のチャンスと捉え、そこに脱領域的な政治の再組織化の可能性を見出していた。

グローバル・デモクラシー運動が注目するのは、極端な個人主義者の傍らに、むしろ最新のコミュニケーション技術を使って進んで遠隔ネットワークを構築しようという人々が存在する事実である。かれらは、単に趣味や友好のためではなく、環境運動、階級闘争、反戦運動、反グローバル化運動などの形での、弱者や犠牲者の間の（ための）連帯を組織することにも積極的であった。

国際法学者R・フォークは、このような「規範的な約束事と情報への接近に基づいて行動するトランスナショナルなネットワーク」に対して、とくにグローバルな諸問題解決への貢献を期待している。フォークのみるところ、それこそが「国益によるパワーポリティックス」を改善する役割を引き受け、ポスト・ウェストファリア体制への重要な契機を提供するのであった。(5)

さらに、『人間味のあるガヴァナンス』（*On Humane Governance*, 1995）においてフォークは、トランスナショナルなデモクラシーの役割について次のように定式化していた。

> 望ましい方向への転換が起こる可能性はある。それが起こるかどうかは、トランスナショナル・デモクラシーが成長を止めることなく、能力を蓄え、正しい方向に進んでゆくかどうかに掛かっている。それらの勢力は、世界の新しい支配エリートになろうとする必要はあるまい。そうではなくて、支配－搾取というパターンが、やがて公平で、参加型の、説明責任を負った、そして人々の生活を支えるようなオールタナティヴへと置き換わるよう、地政学に頼った既存の主導体制に対して働きかけ、規制を掛けることを目指すべきなのである。(6)

実際に、国内の選挙による権力の獲得競争では、いかにデモクラティックな環境でそれが行われたとしても、競合政党や対立候補に勝利するため国際協調よりも国益への貢献を強調せざるを得ない。

しかしグローバル・デモクラシー運動は、たとえば地球環境、人間の安全、人権などの問題領域において、国民国家を越えたグローバルな立場から、領土政府に特定の政策の採用を促すこともできる。

問題対処経験の共有と積み重ねにより、地域のレベルであれ、グローバルなレベルであれ、地政学的空間にかわる「共治」ともいうべき公共空間が生まれ、地理的な相克関係が相乗関係に変わり、それを支える開放的な連帯意識が強化される。グローバル・デモクラシーの運動家たちによると、それはそのまま「グローバル・デモクラティック・ガヴァナンス」の推進母体と成り得るだろう。グローバル・デモクラシー運動は、この展望をさらに推し進め、ときにグローバルな規範の制定に前向きな各国家や国際機関との連携をも視野に収めて、デモクラティックな運動を拘束力や実効性を持つ「国際規範」の制定に役立てる、というグローバル・デモクラシーの制度化の見通しを抱き始めていた。

グローバル・デモクラシー運動の描く、規範制定への貢献とは何か。グローバル・マーケットパワーや底値競争（race to the bottom）に対抗する「労働スタンダードの確立」の例についてみてみると、それは、次のようなものである。まずその運動は、ILOが制定した規範を基に、メディアとも連携しつつ、規範をないがしろにする企業や国家を「名指しで誉を傷つける」（name and shame）という手法で追及することができる。この場合には、政府間組織である国際機関を警戒の対象とみるのではなく、それらとの、また規範を遵守してきた模範国との連携をはかることで、さらにはそれらの圧力を組織することで、より大きな効果がもたらされるだろう。

次に、国際機関が規範化という役割を充分に果たしていない疑いのある場合には、政府間組織の代表制メカニズムの不備を補う形で、社会運動やＩＮＧＯが国際機関へ規範の制定の必要性についての情報をインプットするか、あるいは、社会運動の側が自ら規範を考案し、道義的な消費者をも巻き込んだ不買運動などによって、企業にそれを守るよう牽制することもできる。

第三に、グローバルな社会運動は、草の根ロビーをも含めた国家内のロビー活動によって、政府の選択の余地を規範遵守に向けて狭めてゆくことができるだろう。Ｄ・Ｗ・ドレズナーが指摘するように、「大国が協調しない」か「大国間で争いのある」場合に国際規範は実効性を殺がれることが多い。しかし社会運動は、その後ろ向きな大国政府に市民が内外から圧力を行使することで、国際規範や正義の実現の阻害要因を取り除くことができる(7)。

3　デモクラシーの内包と外延

デモクラシーのグローバルな制度化までをも視野に収めるこのグローバル・デモクラシー運動において、「統治者」と「被治者」とは誰か。またその意思決定者とステークホルダーとは誰なのか。nationを越えたdemosによるcratiaという語の響きから考えると、ともに「国境を越えて組織されたデモス」ということになるだろう。

しかしながら、そのような想像上の集団、また、内部の至るところでサブ・デモスが競合関係に立つと予測されるような包括的かつ多層的なデモスは、デモスと呼ぶのを止めてそれを公衆運動と言い換えたとしても、何らかの意思や方向性を持ち、同一の問題関心を共有し、デモクラシーでいうところの自己決定の主体となることができるのか。

非国家的な運動体をデモクラシーの主体に設定することによって生ずる矛盾とは、たとえば、かれらと同盟関係に立つと期待されている消費者やメディアが、マーケットパワーへの抵抗において必ずしも期待通りには行動、ないし連帯してくれないことであった。ムーディーズやS&Pなどの「格付け機関」という私的な権威体は、国家に対抗する場合には市民社会の領域とみなすことができるが、むしろマーケットパワーを背にしているという意味においては、支配的なエコノミック・パワーの一員でもあり、グローバルな対抗パワーたる資格を失うだろう。

さらにJ・S・ドライゼクがいうように、メディアもまた、グラムシ流の分析を施すならば、市民社会の領域に身を置くことのある一方で、資本にとって有利な環境を築くためのグローバル・ディスコースを再生産するという側面を持つ。そのディスコースとは、たとえばアメリカでは「官僚は不効率かつ消費者の敵であり、また規制は不道徳で、課税は民間活力を奪う」というものであった。

国内政治においても、立憲デモクラシーの構想がこの第三そして第四の権力を無規制におくことがしばしばあろう。たとえば、デモクラシーの理論がアイデンティティ・ポリティックスや、ビジネス・エリートによって行使される権力に対処する際に困難に突き当たるのは、それゆえである。企業の宣伝、プロパガンダ、解説者の偏向のせいで、人々は、かれらの利益がエリートの利益と同一であ

ると確信してしまうのだ。(8)

マーケットパワーは、メディアトゥールへはいうまでもなく、消費者意識や文化レベルという社会の深奥まで浸透している。したがって、グローバル・デモクラシーは、運動主体が「マーケット、そして国家とどのような関係に立つべきか」について規範的に問い直し、それら二つに対して従属的関係に置かれないため、どのような戦略が必要かを探し求め続けなければならないのである。

多くのグローバル・デモクラシー論者たちは、主体の内包と外延という問題への解答として、多様性を保持しつつ、コミュニケーションや討議によってイシューごとの合意を模索する「能動的な運動家の集合体」という解決を準備している。あるいは、デモスという考え方を止めて、A・ネグリ＝M・ハートの描く「マルチチュード」のように、縦横に張り巡らされる運動ネットワークの持続化を通じての自己統治を唱える者もいた。

しかしながら、ここには、重要な課題が未解決に残されている。つまり、このような解釈によって、デモスが「何らかの公共的意思を形成する」という確信を得られたとしても、デモクラシーの広域化や重層化に伴う参加者たちの「政治的な有効性感覚」の減退を、食い止めることはできるのか。

もし市民が目の前に無限の数の不定形なユニットを並べられれば、コミュニケーションと情報の費用、したがってコントロール費用は、負担できないほどのものになるだろう。実際に、複合的な政治

のシステムにおいて、こうした費用は、市民的有効性を損なうほど急速に高くなってゆくようにみえる。(9)

ダールによると、広範かつ複合的な政体においては、さまざまな自発的団体の意思の中から公共的意思を見出したり、組織したりするのに掛かる費用があまりにも高いため、長期的にみると参加者は「政治に効果を及ぼせる」という感覚を失ってしまう。人々は、自分の主張や意思が全体のそれとして採用される可能性を、地方自治体や国家にいるときと比べて低く認識するに違いない。

なるほど、グローバル・デモクラシー運動に参加し、現に運動を展開している人々が、参加時には高いレベルの有効性感覚と、それゆえ忠誠を保持していることは疑いない。けれども、最大多数を巻き込みながら持続的な運動としてそれをグローバルに展開してゆくには、デモクラシーが有効性感覚とその結果としての忠誠を繋ぎとめる場所であることが、決定的に重要となろう。

人間の持つことのできる政治空間の規模に制約があることは、移動やコミュニケーションの範囲に物理的な限界が存在する点からも推察されよう。実際に、そのような境界を越えてしまったグローバルな社会運動においては、市民相互の、あるいは代表や代理と住民によるコミュニケーションの機会が著しく縮小されることになる。それは、コミュニケーション技術、移動手段の進歩をもってしても克服することが困難だろう。

ＩＮＧＯが組織を拡大するにつれて執行部エリートの寡頭制に悩まされ、現下の国際機構や地域機構が、国家横断的であるがゆえに民主的性格の後退（deficit）という問題を抱えていることを、単にそれが官僚的な傾向を持つことの証拠としてではなく、意思決定アリーナと末端とで交わされるべきコミュニケーションが物理的、地理的な困難さを有する証拠として、みることもできる。

理論上、政治的有効性感覚は、コミュニケーションで結ばれる身近な「自」の枠が制度的に保証され、持続的にコミュニケーションが実践された場合に最大化される。したがって、グローバル・デモクラシー運動が、その全体把握が困難なほどの過剰な包括性と、有効性感覚の希薄化をともに克服するには、結局コミュニケーションの可能な「ローカルな磁場」の見直し、すなわちローカル・レベルでの問題解決への努力がグローバルな問題対処能力を高める、といった理解に基づくローカルなデモクラシーの再意義付けが、必要となるに違いない(10)。

そのように考えると、グローバルなデモクラシー運動は、運動を制度に移し変えた場合、自決を保持する地域的な空間が多数確保され、それらが集まって「連合」を組織するような政体へ向かってゆくと予想される。なおその場合にも、グローバル・デモクラシー運動に対しては、地域のデモクラシーとグローバルなデモクラシーの間柄を規定した「補完性原理」の構想という新しい課題が提出されるに違いない。この問題については次章で検討したい。

ところで、デモクラシー運動はこれまで、それが領土の外枠と重なるとき、排除や抑圧の構造を持つことがあった。今日、移民、難民の大量の発生や流入という事態に臨んで、デモクラシーの根幹を成す公民権や選挙権などといった概念が、ポスト・モダン潮流による脱構築の対象とされていることは、そのことと無縁ではない。

対照的にグローバル・デモクラシー運動は、「領土民とそれ以外」という二分法の抑圧性を取り除くため、デモクラシー空間を領土国家から切断し、領土の多孔化、マイノリティー相互の連携や、かれらのグローバル社会への包摂によって、グローバル化時代の難問である移民、難民、非市民へも有効な解決策をもたらそうとしている。とはいっても、そこで再定義された脱領域的な空間が、より排除性の少ないデモクラシーを意味するかどうかは、必ずしも自明とはいえない(11)。

たとえば、移民・難民問題の対処のためのガヴァナンスに、数多くの市民団体やINGOが参加し、それらの主体がネットワークと討議で結ばれ、国際機関や地域機関、そして国家政府が、グローバル市民社会をいわばステークホルダーとみなしてその討議結果に配慮するという意味で、より多くの人々の意思を反映するようなガヴァナンスが達成されたとしよう。

その場合にも、グローバル・デモクラシー運動がもっとも耳を傾けるべき最弱者、あるいは最貧国の人々は、資源や時間の不足によって、あるいは声を上げる方法を知らないことによって、ネットワークや討議から弾き出されてしまう可能性がある。さらに、能動的市民がネットワークで結ばれたグローバルな運動への参加資格が、ほぼ地球の三分の一を占めるデモクラティックでない政治体制のもとに暮らす、デモクラシーを実践したことのない市民に、実現可能なものとして映るかどうかは不確かである。

さらにいえば、かれらが熟慮の方法や平等な文化に馴染むのに時間が掛かり、デモクラシーの学習

読者カード

みすず書房の本をご購入いただき，まことにありがとうございます．

書　名

書店名

・「みすず書房図書目録」最新版をご希望の方にお送りいたします．

（希望する／希望しな

★ご希望の方は下の「ご住所」欄も必ず記入してくださ

・新刊・イベントなどをご案内する「みすず書房ニュースレター」（Eメール）ご希望の方にお送りいたします．

（配信を希望する／希望しな

★ご希望の方は下の「Eメール」欄も必ず記入してくださ

（ふりがな） お名前　　　　様		〒
ご住所	都・道・府・県	市・
電話	（　　　）	
Eメール		

ご記入いただいた個人情報は正当な目的のためにのみ使用いたし

ありがとうございました．みすず書房ウェブサイト https://www.msz.co.jp で刊行書の詳細な書誌とともに，新刊，近刊，復刊，イベントなどさまざまご案内を掲載しています．ぜひご利用ください．

郵便はがき

料金受取人払郵便

本郷局承認

6392

差出有効期間
2025年11月
30日まで

113-8790

東京都文京区
本郷2丁目20番7号

みすず書房営業部
行

通信欄

(ご意見・ご感想などお寄せください．小社ウェブサイトでご紹介させていただく場合がございます．あらかじめご了承ください．)

に時間を要するという意味で、かれらの能動性を期待することが難しい場合もある。言い換えると、グローバル・デモクラシー運動がどれほど領域的国家との切断を強調し、その包摂性と参加者数を誇ったとしても、弱者の声が過少に反映され、権利の表明に長けている能動的市民、具体的には富裕国、先進国の市民の声が過剰に反映されているという批判をかわすのは難しい。

そのような政治は、「受動的な市民」を包摂するメカニズムが不在であるため、トランスナショナルなエリート・デモクラシーに容易に転化してしまう。そこにおいては、成員のうち、組織作りに長けた者、「ゲームのルールを知り尽くしている」特定の者のみがプレイヤーとなるという意味で、排除が継続されるかもしれない(12)。

裏返していえば、グローバルな格差に対処する場合に、最貧国家でもその公的な代表が国連総会で発言権や一票を有し、その主権が対等に扱われるよう保証している領域的な「国民国家システム」の方が、より進んだ包摂メカニズムとみなされる場合もあるだろう。この場合は、最貧国の内部でデモクラティックな代表選出過程を強化し、脆弱な国家の国連における発言権を増すことを目標に設定する方が、グローバルな排除や周縁化の阻止に貢献するかもしれない。

要するに、グローバル・デモクラシー運動が、それのみで「排除のない」政治を生むと考えることはできない。ここには、「グローバルな参加のパラドクス」や「新たな排除」という厄介な問題が生じており、グローバル・デモクラシー運動はそれら一つ一つを克服していかねばならないのである。

4　国境を越えるデモクラシーに代表制は必要か

成員がアプリオリな同一性意識で結ばれたコミュニタリアン・デモクラシーとは異なって、グローバル・デモクラシー運動の担い手たちの多くは、今日においてはもはや同一性意識を土台とするデモスは必要ない、との認識を共有している。そこでは、伝統的「市民権」にかわる、多様性をもとにした成員の再組織という考え方が提唱される。実際に、アメリカやカナダの連邦制が示しているように、住民の多くが多様な新着移民によって構成されていたとしても、文化に中立な市民社会という仮想概念によってかれらを接合することができれば、デモクラシーは機能するかもしれない。

しかしながら、アメリカ合衆国をみればわかるように、連邦制のような複合的な政体におけるデモクラシーには、多様な利害にフィルターを掛け、多様な主張を「重なり合う合意」という形で集約するため、対話、議会、政党、利益団体、選挙などの精巧な「代表制度」と、宗教、民族、文化、階層に対して「中立とみなされる中央政府」が必要であった。

中立な中央政府の問題はおくとしても、グローバル・デモクラシー運動の推進者たちの多くは、代表制度の考案という問題をどのように考えているのだろうか。たとえばM・カルドーはいう(13)。

グローバル市民社会は、正式に選出された地位にある人々のように、人々を「代表」していると主張することはできない。しかし、問題は代表というよりも討議にある。議会制民主主義はつねに討議をめぐるものであった(14)。

このような言説をみると、グローバル・デモクラシー運動が、国内デモクラシーがこれまで目的とみなしてきた代表による住民の包摂性を追求せずに、むしろ討議への能動的市民の参加と、その討議が生み出す結果の民主的な方向性に期待していることがよくわかる。しかしながら、代表制度を設けぬまま、ただ同意や妥協の発生を待つだけだとしたら、社会運動が単なる多数者の政治、あるいは「利益団体政治」に陥る場合が多いことも、忘れてはならないだろう。

しかも、それを討議空間と考えたとしても、グローバルな市民社会の中に企業やマーケットパワーが包含されるとなれば、グローバル公益団体とマーケットパワーが同一平面上で競合し、パワーの優劣以外には競合を解消する方法がないといった事態が頻繁に起こるに違いない。

実際、グローバルな運動が必ずしも利害の対立をデモクラティックに解消することができないという問題は、グローバルな労働運動にも妥当する。かつては、先進国の労働者の真の利害が途上国のそれと対立するものとは認識されなかった。しかし、今日、底値競争（race to the bottom）において、両者の利害は真っ向から対立するものとみなされている。先進国の労働者に、途上国の労働者を気遣う余裕が次第になくなっている点は、いわゆる労働者階級の多くが、移民を締め出すというポピュリストの政策に傾倒してゆくことにも表われている。

適切な代表制度や代理制度というフィルターが介在しなければ、先進諸国の労働者が交渉において優位に立ち、グローバル・デモクラシー運動の要に位すべき主体は富裕国の労働者で満たされてしまう。グローバル・デモクラシーの提唱する「討議において市民団体が相互に、水平的に権力をチェックし合う」という考え方も意味を失いかねない。

さらに、グローバル・デモクラシー運動の目指すのはデモクラティックなガヴァナンスであるところ、M・シャピロに従うと、ガヴァナンスの意思決定者においては、デモクラシー国の政策担当者に比べ「中立でなければならない」という意識が大幅に後退し、一方で、ガヴァナンスのプロセスには、全体を代表するつもりのないような先進国の「専門技術者」と「熱狂的運動家」が多く参入してくるという(15)。

言い換えると、「公正である」と認識される代表制度を持つまでは、社会運動のネットワークもまた、国際機関と同じようにその決定や政策の正当性について問題を抱えたままでいることになろう。

もとより、領土的な統治であるガヴァメントの大半において国民は、弱者を含む全領土民が参加し得る選挙によって統治者を監視し、そこに公的な正当性を付与している。外交や政府間会合も、参加者のそれぞれが国民をデモクラティックに代表するかぎりは、そこに正当性が供給されているとみてよい。

これに比して、グローバル・デモクラティック・ガヴァナンスにできるかぎり多くの市民が参画し、グラスルーツINGOに参加する人々にたとえ「地球市民」という自覚があったとしても、かれらが領土的代表である政府あるいは外交団より世界の人々を「正当に」かつ「公的に」代表しているとは言い難いのである。

おわりに

グローバル・デモクラシー運動の台頭の背景とその課題やアジェンダについて考察してきた。さらに、グローバル・デモクラシーを分節化し、個々の要素を取り上げて、それが伝統的なデモクラシーの理念と緊張関係に立つ恐れがある点をも指摘した。

まだ台頭して日が浅いことを考えると、グローバル・デモクラシー運動に対して検討を加えれば、総じて懐疑的評価が導かれることは致し方ないのかもしれない。しかし、だからといって、グローバル・デモクラシーの思想や運動が成果を挙げなかったということにも、グローバル化の中でもなお国民デモクラシーが最良であるということにも、また、これまでの領域的デモクラシーの側に問題や限界がないということにもならないだろう。

グローバル・デモクラシー運動が多くの難点を抱えているようにみえるのは、国家主義者のいうようにデモクラシーが領土やナショナリズムを必要とするからではなく、むしろ、デモクラシーの諸目的が相互に対立し合うからであり、その対立がグローバルな空間においては国内よりいっそう激しくなるからである。そのうえ、エリート主義、官僚支配などの国内デモクラシーの難点が、グローバル

なレベルにまで持ち込まれ、そこで増幅されてしまうからである。(16)

容易に推測されるように、デモクラシーへの参加者が増え、デモクラシーの空間が拡大していると いう感覚が成員を支配するにつれて、「公共的意思の集約」への期待や、成員が「決定に影響を与え得る」という意味での有効性感覚は逓減する。トランスナショナルな政体であるEUに対する、そして欧州議会に対する一部のヨーロッパ人の懐疑的な態度が止むどころか拡大していることは、その証拠と捉えることもできる。

この場合、かつて同質な国民社会において領域的デモクラシーを実践してきた多数者の忠誠は、とくに減退するかもしれない。しかし一方で、そのような国民社会で「異議申し立てを行ってきた人々」の有効性感覚は増加し得る。むしろかれらの感覚は、広域の連邦制やグローバルな社会運動のなかで最大化するかもしれない。そうすると、これまでデモクラシーの中で解消されてきた体制維持派と体制変革派の対立は、グローバルな空間に持ち込まれ、いっそう激しい対立として再現される。

さらに、グローバルなデモスを前提にして、かれらの多数の意向に沿うようなグローバル政治を構想すれば、国際社会の大多数を占める途上国の立場は改善され、グローバル政治の規範化や格差の解消にも劇的な効果がもたらされるかもしれないが、そこではローカルな自己決定が危うくされるに違いない。逆に、少数者に優しく、ユニット間の平等を重視する連邦民主的あるいは多極共存型のグローバル・デモクラシーが追求されれば、地域に根ざすデモクラシーの磁場が確保され、各ユニットの独立や自己決定はよりいっそう強化されるものの、グローバルな合意の形成にさいしては、各ユニットの自治権や拒否権が立ちはだかることになる。

それぞれの事例において、どちらがどれだけデモクラティックかを考えることはあまり意味がないだろう。それらの矛盾する事例は、むしろグローバル・デモクラシー運動の真の課題が、国内よりはるかに複雑な、相互に矛盾する諸目的の調整作業である点を暗示している。いずれにしても、ナショナルな空間を越えたデモクラシーは、（1）各国家によるデモクラティックな体制へのスムーズな移行、（2）グローバル・マーケットパワーに対する対抗権力の樹立、（3）グローバル弱者の意見をより公平に代表させるための国際機構や国際公共団体の改良、（4）格差や不平等などグローバルな非民主的構造の変革、などを組み合わせることによってはじめて可能となる。たとえば（1）に対して有効な解決策であっても、その他の解決策としても有効だとはかぎらない。

してみると、デモクラシーという用語は、グローバルな運動の目標や理念を表わすためのスローガンや概念として、最良とはいえないのではないか。その用語は、国民デモクラシーより複雑さを増すだろう来るべき政体について、あまりに単純なイメージを抱かせるし、グローバルなデモクラシーを求めることによって逆に失われる可能性のある多くの物事について、その認識を薄めてしまうかもしれない。

むしろ、グローバル・デモクラシーの代わりに「正当性を持つ（legitimate）グローバル政治」、「グローバル政治の正当性を高める運動」とでも命名した方が、分析概念としても運動目標としても相応しいとはいえまいか。

注

（1）マッグルーは、トランスナショナリズムの源流もしくは類型として、（1）国際機関、国際制度のデモクラティックな改革を提唱するリベラル・インターナショナリズム、（2）環境、貧困、ジェンダーなどの問題について、被排除者や被抑圧者の越境的連帯を組織しようとするラディカル・デモクラシー、（3）地域、国家、グローバルの三レベルでのデモクラシーの強化を目指すコスモポリタン・デモクラシー、そして（4）国家を越えたイシューのステークホルダーたちによる対話をデモクラシーの本質と考える熟議デモクラシー、の四つを挙げている。Anthony G. McGrew, 'Models of Transnational Democracy', David Held and McGrew (eds), *The Global Transformation Reader* (Cambridge: Polity Press, 2000), pp.500–513.

本稿で検討対象とするのはおもに（1）と（3）であるが、付随的に（2）と（4）にも言及している。なお、グローバル・デモクラシーとコスモポリタン・デモクラシーの異同としては、アーキブージの指摘に従って、後者がよりグローバルなデモクラシーの制度に力点を置いている点を挙げておく。「コスモポリタン・デモクラシーを同種の他のプロジェクトと区別するものは、前者が、グローバルな諸問題に個人（かれ／彼女が国内で賛同を得ているか否かにかかわらず）の声が反映されるような制度を創ろうとしていることである」。Daniele Archibugi, 'Cosmopolitan Democracy', Archibugi (ed.), *Debating Cosmopolitics* (London and New York: Verso, 2003), p.8.

（2）Robert Dahl and Edward R. Tufte, *Size and Democracy* (Stanford: Stanford University Press, 1973), p.141.

（3）David Held, 'Democracy and Globalization', in Daniele Archibugi, David Held, and Martin Kohler (eds). *Re-imagining Political Community: Studies in Cosmopolitan Democracy* (Stanford: Stanford University Press, 1998), p.21.

（4）Louise Amoore, et al. 'Overturning Globalization: Resisting the Teleological, Reclaiming the Political', in Michi Ebata and Beverly Neufeld (eds), in *Confronting the Political in International Relations* (London: MacMillan Press, 2000), pp.110–122.

（５）Richard Falk, *Law in an Emerging Global Village: A Post-Westphalian Perspective* (New York: Transnational Publishers, 1998). 川崎孝子監訳『顕れてきた地球村の法――ポスト・ウェストファリアの視点』東信堂、二〇〇八年)、六一一一頁。

（６）Falk, *On Humane Governance: Toward a New Global Politics* (Cambridge: Polity Press, 1995), p.36.

（７）Daniel W. Drezner, 'State Power and the Structure of Global Regulation', http://faculty.msb.edu/murphydd/CRIC/Readings/Drezner-01.pdf, pp.19–31.

（８）John S. Dryzek, *Deliberative Global Politics* (Cambridge: Polity Press, 2006), pp.162–63.

（９）Dahl and Tufte, *op. cit.*, p.141.

（10）トランスナショナルな労働運動ないし社会運動もまた、持続可能性と動員可能性を持つために、地域の集合アイデンティティをもとにした、かつ地域における個別問題（環境、人権、安全、雇用など）の解決を運動目標に据えるような小集団を強化しなければならないだろう。この点については、次を参照。Byron Miller, 'Spaces of Mobilization: Transnational Social Movements', Clive Barnett and Murray Low, *Spaces of Democracy: Geographical Perspectives on Citizenship, Participation and Representation* (London: Sage Publications, 2004), pp.223–246.

（11）理論的な厳密さを追求すれば、ここではグローバルな「市民権」（global citizenship）とグローバルな「市民社会の成員資格」（membership of global civil society）の区別が必要となろう。なぜならば、政治組織のないところに「法的に保障される」という意味における市民権は存在しないという理由で、さらに、ＮＧＯは相互に「共同体感覚」を持っているわけではない、またＮＧＯでさえ政府に圧力を掛けられるのはその国家の市民権を得ているからだ、などという論拠からＮＧＯネットワークの築くグローバル市民社会とその効果に懐疑的な論者が存在するからである。Michael Walzer, 'The Civil Society Argument', Ronald Beiner, *Theorizing Citizenship*, (New York: Albany, 1995); *Toward a Global Civil Society*, Providence, RI: Berghahn Books, 1995. これに対する反論としては次を参照せよ。Derek Heater, *World Citizenship: Cosmopolitan Thinking and Its Opponents*, London and New York: Continuum, 2002.

（12）Neil Stammers, 'Social Movements and the Challenge to Power', in Martin Shaw (ed.), *Politics and Globalization: Knowledge,*

Echics and Agency (London and New York: Routledge,1999), p.77.

（13）代表制度を必要としないという論調は、熟議によるグローバル・デモクラシーを提唱する論者たちにも共通している。たとえばJ・S・ドライゼクは、デモクラティックな正当性の源流が投票でも代表制度でもなく熟議にある点を力説していた。J. S. Dryzek, 'Transnational Democracy', *Journal of Political Philosophy*, Vol.7, No.1, 1999.

（14）Mary Kaldor, *Global Civil Society: An Answer to War* (Cambridge: Polity Press, 2003). 山本武彦ほか訳『グローバル市民社会論——戦争への一つの回答』（法政大学出版局、二〇〇七年）、一九九頁。

（15）Martin Shapiro, 'Administrative Law Unbounded: Reflections on Government and Governance', in *Indiana Journal of Global Legal Studies*, No.8, 2001, p.376.

（16）ダールは以下の論考において、「官僚的な交渉システム」ともいうべき国際機関をデモクラティックに組織することは、「エリート政治を根絶する」作業に等しく、コストが膨大すぎるがゆえに本来的に不可能であると論じている。Robert Dahl, 'Can International Organizations be Democratic? A Skeptic's View, Ian Shapiro and Casiano Hacker-Cordon (eds), *Democracy's Edges* (Cambeidge: Cambridge University Press, 1999), pp.19–36.

第6章　集団的自己決定の行方
――ローカルなものを活かすには

はじめに

前章でみた通り、グローバル化の中でデモクラシーの機能と実質をどのように回復するか、また時代に相応しいデモクラシーをどう構想するかが課題となっている。政治学者や国際関係論者が国内デモクラシーの議論を応用しつつグローバル社会における民主的要素の後退（deficit）の問題に取り組む中で、再民主化のためのいくつかの方向性が示されてきた。ここで改めて、それらを以下の三つに整理することが許されるであろう(1)。

ひとつは、グローバル・アクターへの規制を強化し、アクター間に生ずる問題を正しい手続きによって解決するというデモクラシーである。現在のグローバル社会は、各国家の「決定と行動の自由」

を原則のひとつに据えている。そのステイト・リベラリズムの観点から各国に対して中立なグローバル制度の枠組みを樹立し、なお非国家的アクターをも含む主体にその遵守を徹底させるのがグローバル・デモクラシーの課題とみなされる。

この多元的な立憲主義は、多様性を擁護するグローバル・デモクラシーとも補い合う。すなわち、グローバル化の中で、優勢な文化による地域文化への侵食、強者による支配の拡大、などに対する懸念が増加している。過去の帝国主義の教訓を踏まえたとき、現下のグローバル化にもまた、大国が影響力を浸透させるための装置に堕する可能性がなくはない。

そこでグローバル・デモクラートは、グローバルな影響力の相互行使が新たな支配‐被支配を生まないような、また強者の支配が慣習や制度によって固定化されないような保障を築こうとする。そのためこのデモクラシー論は、多元的な構造、少数意見の尊重、地域の自己決定などの重要性を唱えてゆくところに特徴がある。

第二に、国家というアクターの内部でデモクラシーをよりよく機能させることこそが、グローバル・デモクラシーの土台であると解釈する者もいる。全国家の半数近く残されている非デモクラシー国ないし権威主義国を民主化できれば、より多くの人間が人権の保障や発言の機会を手に入れるだろう。そればかりでなく、外交はより多くの人々の信任に基づくようになり、政府間ガヴァナンスはデモクラシー主要国による協調へと導かれる可能性が高まる。一方、デモクラシー国の代表のみの集う国際機関や外交交渉であれば、その決定はより多くの正当性が付与されたものと認め得る。

次章でみるように、一九九〇年代以降のＥＣ、ＥＵの深化プロセスは、かなりの紆余曲折があったものの、このような正当性の供給により担保されたものと解釈することができる。もちろん、デモクラティック・ピース論の有効性には種々の疑問や反論が提起されている。とはいえ、デモクラシーのメカニズムや課題を国内で学んだことのない人間に、地域レベル、グローバル・レベルでのデモクラシーの運営が可能であるとは考えにくい。その点を踏まえれば、多くの人間がミクロレベルでデモクラシーの経験を積んでゆくことがいかに大切かわかるだろう。

第三の「民主化」においては、グローバルな政治を動かしている改革の機関がターゲットとなる。実際に、ＷＴＯ、ＩＭＦ、ＷＢは、政策決定の透明性の確保が不十分とみなされ、その政策に対しては、一部の先進国ないしその企業の利益を代弁しているのではないかという疑念が投げ掛けられている。そこで、それらの機関に対する評価制度を作り、それらが果たす任務を厳格にマンデイト形式とすることが、地球全体のデモクラシーを向上させる方策だと考えられる。国連など「もっとも影響力のある決定機関」への監視を強化し、その内部組織を民主化することなしに、グローバル・レベルでのデモクラシーの向上は期待できないからだ。

以上の三つが、これまで示されたデモクラシーのグローバルな活性化への道筋であり、deficit への処方であった。しかしながら本章は、これまで上の三つほど言及の対象とはならなかったが、デモクラシーのいまひとつの重要な要素、その由来からしてデモクラシーの要であったにもかかわらずこれまで相応の理由があって埋もれていた要素が、グローバル化の中で重要性を増し、将来もその重要性を高めてゆくだろうことを示そうとする。本章が着目するその要因とは集団的な自己決定である。

もとより政治とは、その由来よりして、集団による意思決定の方法とその執行に関わるものであり、デモクラシーもその由来からして自己支配や自治と同義であった。かりに集団的な自己が存在するとして、その政治的運命が自己以外の誰かによって決定されるとしたら、その状態をデモクラシーと呼ぶことは難しい。そこで、共同体や国家の決定や政策が「集団的な自我に由来する」という仕組みを整えることが、デモクラシーの実質的な目標とみなされてきた。

いずれにしても、のちに述べる「相応の理由」があって埋もれていたこの要素が、相互に依存性を深める世界、混じり合う世界で「われわれ」という集団的な自我を確認する要求として各地域で復活している。その要求は、自己決定の空間の奪還を目指すという意味で、デモクラシー回復の運動と連動することも多い。ＥＵ離脱支持者によって「国家の独立」と形容された、イギリス国民投票による脱退の決定も、まさしくその流れの中に位置付けることができる。

一般的に言うと、グローバル化は集団的ＩＤ（identity）をローカルとグローバルという二方向へ分散させ、「集団的な自己」の内包や外延を曖昧にした。その結果、国民という伝統的な枠で機能してきた自己決定は、その実質を確保することが難しくなってきている。もはや、人々が一集団に対して継続的に帰属意識を抱くであろうという見通しも、市民の結束が伝来の帰属意識によって維持、強化されるであろうという見通しのいずれも、現実味を失っている。(2)

とはいえ、これまでのところ、自己決定の喪失を「不可避なもの」として受け容れる人々は少ない。

そのことは、各地域、各国家のデモクラシー擁護者が、安全保障や文化の領域を自己決定の聖域とみなし、その決定領域の縮少という流れを必死で食い止めようとしていることからも明らかだ。そこで本章では、自己決定の喪失という予感や不安が自己決定回復への願望となることで、どのような問題が引き起こされているかを論じてゆく。さらにまた、これまでとは違ったタイプの自己決定を想定して、あたらしいグローバルな集団的決定の枠組みを作ることがはたしてできるのか、を検討してみたい。

なお、ここでいう自己決定は、デモクラシーと同義ではないが、デモクラシーの前提でもあり、状況に応じてデモクラシーの核心部分に成り得るものと定義される。そもそも体制選択のさいに、「デモクラシーを採用するか否か」を自己決定の対象とみなす人々がいることをも考慮すると、個人の自己決定がデモクラシーに「先立つ」というリベラルな解釈も成り立たなくはない。しかし、本章では、デモクラシーが集団の自己決定の意識と実質により補強されるという前提で議論を進める。

1　デモクラシーを支えた二つの自己決定

古典古代におけるデモクラシーの生成から現代の代表制デモクラシーの定着までの歴史を顧みたとき、異なった二種の自己決定がデモクラシーを導いてきたことがわかる。(3)第一のものは古典古代にその由来を持つが、非領土的なＩＤを拠りどころとしていたため、グローバル化の進む今日とくにその意義が見直されており、第二のものは近代の領土的国家を発祥のきっかけとして、今日ではとくに領土を獲得しようとする少数民族の運動へ法的根拠を与えている。

古代アテナイにおいて、自己決定の神話がデモクラシーと深い関わりを持っていたことは論を俟たない。社会と国家が未分化であり、領土と政治が重なり合うことのなかったポリスにおける市民の政治参加は、なによりも人間がポリス的な存在として尊厳を発揮するための前提、また倫理的、政治的な卓越性の成就に不可欠な要素であり、それゆえ、市民は集団的決定に参加することなしにその自由を達成することができなかった(4)。

もっとも、ここで言う自己決定は、国民国家において見られるような、平等な人間よりなる領土的集団が自己の運命に関わる選択を行うことを意味するわけではない。エリートである市民にとって重要なのは、アテナイ・ポリスという土地と慣習、統治制度の持続性であり、とくに僭主や専制君主、あるいは外国勢力に政体を譲り渡さないこと(autonomia)であった。ポリスを守るためにかれらは行動したが、そこで主体となるべき集団は永続的な民族でも領土民の全体でもなかった。

由来から見るかぎり、自己支配概念は「特権的な市民IDを共有する諸個人がその維持のために結束する」モデルとして始まったということができる。ID規定型のこのモデルでは、一般に「市民」と呼ばれる排他的な集合体が存在し、身分的に他とはっきり類別されるこの市民が、かれら内部では分け隔てなく決定に参加できる。その空間の中で統治したりされたりすることが、自己決定の本質とみなされた。

ＩＤ規定型の概念は、共和制ローマ市民の民会を通じた決定への参加、マルシリウスがその重要性を唱えたキリスト教徒の民衆の同意、あるいは中世ヨーロッパの同業者による組合自治などとして受け継がれ、政治的理念としての影響力を行使した。今日でも、宗教的、文化的なマイノリティーがこの非領土的タイプの自己決定を追求し、さらに国境を越えた組織化を目指す結社がこのタイプのＩＤによって自己維持や成員増加をはかっている。

しかしながら、一六世紀以降、ヨーロッパが内乱かつ国際紛争でもある宗教戦争を経験し、安全保障上の理由から領土と管轄権の区画作業を始めたとき、別のタイプの自己決定モデルが台頭し、ヨーロッパ全土に一般化する。すなわち近代初期において、併合、割譲、征服、戦争などの過程で領土の重要性が高まるにつれ、領土がむしろ実効支配の空間として、人間の間柄を統率しかつ多様な人々を一つの決定に纏め上げるものと理解されるようになった。

Ｂ・アンダーソンの指摘するように、そのさい領土的な自己決定という仕組みの確立に預かって力あったのは、その土地を共有する人間が印刷物や印刷技術を介して共通に抱いた同胞という幻想である。かれの掲げる中南米のスペイン植民地の事例は、植民者により便宜的に設定された行政区画の中で、散在したままでいるはずの住民が「同胞意識」を育み始め、近代的な自己決定枠組みの土台を作る過程を描き出している[5]。平等な諸個人、そしてかれらすべてを包み込む領土という認識が住民の多数によって共有され受け継がれていった。以後、領土規定型の自己決定が標準となったゆえんである。

地域が人々を「偶然によって」包摂する場合は、ＩＤ型の集団とは異なり、一般的に人々の文化的背景も価値観も多様であり、それゆえ、かれらの意見が単一の意思と決定に収斂するということは現実にはほとんど起こり得ない。そこで、決定を導き出すために地理的な代表制という擬制が必要とされた。そのために考案されたのが、多数者の決定を「次善のもの」として集団全体の決定に変換するという方法である。

その仕組みにおいては、たとえ市民の一部がある決定において少数派に陥ったとしても、また、たとえ集団の決定がウィナーである多数派の意思の反映でしかなかったとしても、ルーザーである少数派も同じ領土に暮らす「平等な同胞である」という前提に立つ以上、さらに次回の決定では少数派が多数派に変わる「可能性」を失ってはいない以上、多数派の決定は全体の決定と同一視される資格を持ち得るものだった。

そのような多数派の自己決定をデモクラティックな自己決定として認証するために、近代国家の制度設計者たちはルソー流の一般意思論をむしろ退けつつ、全国家、ゆえに全国民をカヴァーする地理的な代表制度を考案し洗練させていった。そのさい、自決を神話の領域から掬い上げ、法的に可視化したのが、「領土に付与された」主権と「国民」という概念である。

主権はまさしく、同じ領土に暮らす集団が行う決定を国外に向けて認証させる仕組みであり、領土には「統一された自我がある」ということを前提にしてのみ成り立ちうる概念である。この主権こそが、上の擬制と組み合わさって現下の独立国よりなる国際システムの基盤を作り、デモクラシーの実質を支えたのである。

2　戦後の自己決定ディスコースの後退

帝国主義的支配の危険が遠のき、独立と安定をそれなりに達成した先進デモクラシー諸国では、第二次大戦後ことに一九六〇年代より、自己決定の概念とそれを支えるディスコースの内容に変化がみられた。欧米のデモクラシー諸国の大勢が小国まで含めて法的な自己決定を獲得し、外部の干渉から自由になったことは、それを主張し続ける必要性を後退させた。さらにこの自己決定概念を、植民地支配の下に置かれていたアジア、アフリカ、中東の諸地域が独立や国家建設の梃子として用い始めたことは、先進諸国がこの概念の使用を躊躇う要因を作った。

この点についての準拠枠となる一九六六年の「市民的及び政治的権利に関する国際規約」（ICCPR）によると、「すべての人集は自決の権利を保有する」。この規約はさらに、「この権利により、人集はかれらの政治的地位を自由に決定し、その経済的、社会的、文化的発展を自由に追求する」と謳っている。しかしこの原則は、言うまでもなく植民地域に対して、独立や宗主国の勢力圏からの離脱に基礎付けを与えるものである。(6)

逆に言うとこれは、すでに自己決定を手にしている西欧諸国家の自決の徹底を意図したものではなかった。つまりこの時代より、自己決定は国家の独立やデモクラシーを担保するための原理ではなく、存在を危うくされている集団、とくにマイノリティーを「救済するための」（remedial）概念として解

釈され、しかも結果としてその語の使用は、そのような解釈に沿った用例に限定されてゆく。(7)

自己決定の概念が、途上国や非西洋諸地域の独立、分離のための武器として用いられたことが、その概念を主要政治概念の座から引きずり降ろすきっかけを作ったことは歴史の皮肉というほかないだろう。すなわち、非西洋の途上国においては、エスニックな少数民族、中央と言語や文化を異にする地域住人、他国家にまたがる「国家を持たない」民族など、救済の必要のあるさまざまなレベルの集団が存在した。概念を現実へ適用するさいに生じたそのような混乱の中で、いずれの集団が自決を主張する法的根拠を持つのかを、国連も国際法学者の誰も明確には答えることができなくなっていた。(8)

その問題はやがて、少数派の承認要求が噴出し、国民に揺らぎの生じた先進デモクラシー国にも重くのしかかる。すなわち、一九六〇年代をひとつの境として、先進諸国における少数派が抵抗運動、分離運動を展開し、なおそれが世界同時的に衆目を集めた。そのＩＤ政治の展開とともに「国民」を主語に自己決定を語ることが、個人主義や多文化主義の発展を阻害するもののひとつとみなされ、攻撃を受け始めたのである。

もとより先進デモクラシー国では、北アイルランド、ケベック、バスク、コルシカ、カタルーニャなどの少数地域の分離・独立問題の噴出により、すでに一民族一国家という在り方の妥当性が問われており、他方で、国民的な自決をことさらに追求する姿勢が、同化や排除、多数者の暴政など非デモクラティックな要素を多く含みうることも明らかとなっていた。

実際、多文化主義、文化多元主義、ポリティカル・コレクトネスの運動が勢いをふるった七〇年代

～八〇年代の各国においては、集団で決定を作成し、その決定に服し、その決定を執行することではなく、社会的少数派、先住民族、少数民族を最大限中央の決定に取り込めるよう代表制を整備し、改良することが課題に変わっていた。

二〇世紀末はとくに、リベラルな多文化論者によって、ナショナリズムや国民アイデンティティの「脱構築」が語られた時期である。集団的な自決の要求は、抑圧されていた先住民族、少数民族の権利として主張されるものを除くと、少なくとも「後ろ向き」でかつグローバル化を阻むものと考えられたのである。(9)

3　「決定の喪失感」が引き起こす問題

とはいえ、「多様なものの包摂」が「多数派による政治」に替わる政治原理となり、前者が多数者の暴政を抑制するという、先進デモクラシー国においてみられた自己決定をめぐる過去五〇年の構図も、昨今、グローバル化あるいはそれへの揺り返しによって大きく変化しつつある。とくにグローバル化に伴う国民デモクラシーの機能不全は、一方で開明的な人々を脱国家的マルチ・ガヴァナンスの推進へと導いたが、他方で逆に、多くの人々がデモクラシーという同じ名の下に国民的、領土的な自己決定の願望を蘇らせるきっかけを作った。

なるほど、各デモクラシー国の住民はグローバル化で選挙権を奪われたわけではない。選挙を経た代表の集う政府も主権を失ったわけではない。しかしながら、その代表すら関与できないアリーナで国境を越える機関や団体が打ち出す政策に、各国は従わざるを得なくなっている。しかも国際的な取り決めの中には、各国政府を緊縮政策へ誘導するもの、国際機関やEUの指令のように国内でそれに従った法整備を強いるがゆえに、事実上立法と同じ効果を持つものさえあった。

LSE教授D・チャルマーズの分析によると、イギリスのEU離脱の直前に一四パーセント〜一七パーセントのイギリスの法律は、EU構成国であるがゆえに制定が義務付けられるものとなっていた。また経済効果を伴う全立法のうち五〇パーセントはEUの決定に由来し、それらEU関連の法律のうち六〇パーセントがEUの農業、漁業、もしくはEU外諸国との貿易関連のものであった。イギリスが辛うじて自己決定していると認められた領域は、防衛と公共サービスであり、またEU政策がイギリスへ及ぼす影響を拒否権や特定多数決の票工作によって遮断できるものは、課税と外交政策などにとどまっていた[10]。

さらに、イギリスのメディアITVの分析によると、EU構成国が履行を義務付けられる規則（regulation）の中には、「デンマークの漁民に対するサバ漁の規制」「オリーヴとタバコの栽培規制」など、法令集に記載されてはいるもののイギリスの国民とはほぼ無関係なものも存在していた。イギリスのEU離脱の決定は、このような過剰な立法を一気に断ち切ろうとする人々が「独立」というディスコースを展開した結果である[11]。実際に、首相（当時）のメイはブレクジット（Brexit）の国民投票をイギリスの議会制民主主義と自己決定（self-determination）の回復と位置付けた[12]。

離脱支持派によると、イギリスが慣習法、不文法を中心とする法制文化の中でデモクラシーを受け継いできたところ、EU（EC）加盟後のイギリスでは政治の仕組みが欧州委員会の指令に従った立法を政策の手段とする方向へと修正を強いられていた。その点からみると、国民投票の結果はイギリス伝統スタイルのデモクラシー、つまり大陸諸国とは異なった自己決定の仕方を「失いたくない」という願望が表出したものといえる。

イギリス人にとって、EU離脱は経済的な対費用効果計算に基づく政策というより政治的な自決権の行使であり、政府がEUという国外機関からの政策指導や政策誘導に従うことを、止めさせる手段となった。このような現象はポピュリストの運動という名で括られることも多いが、長いデモクラシーの伝統という視点でみると、自決願望の政治的な表出としても捉える必要があろう。

イギリスのように極端な反応を示すことはなくとも、外部から決定が舞い降りるという状態に対してフラストレーションを抱く諸国民は、自決を回復しようとして政府に圧力を掛け、そのような運動をバネにして再びまとまりの感覚を持とうとしている。それらへの応答のために、あるいは政治への信頼回復のために残された手段として政治家が拠りどころとする領域は、ほかでもなく国家の専管事項とされている安全保障と治安である。

グローバル化の中でも、領土をどのように防衛するかは領土政府の主権的決定事項のままであり、したがって国境警備の強化、安保法制の完備、他国との同盟の組み換えをはじめ、イラク戦争への参加やISに対する武力行使、紛争後国の平和構築などは、国民が「自己」を意識できる場面となっていた。デモクラシーと国益を移民というリスクやメキシコとの「国境」の問題に移し換えたトランプ米大統領をはじめ、各国におけるいわゆる国益への回帰、民族保守の台頭は、政治家が数少ない決定のアリーナであるこれらの領域を積極的に利用しようとしていることを示す。

さらに文化や教育もまた、主権に属する事項とされる以上、しばしば自決回復のための手段として使われる。そこでは、受け継がれてきた文化の保護、伝統を活かしながらの再創造が自己決定の内容となる。国民文化の担い手を名乗る勢力が政治に発言力を持っていること、あるいは教育のカリキュラムに対する監督権を持っていることが、自己決定の前提とみなされる。地域統合アジェンダが「文化の統合」まで含むことはあり得ないというEUの共通理解もまた、加盟国の文化が聖域であることの保障を与えてきた。

もとより、国民による文化的な自己決定が可能となる条件は、何が国民文化かについて争いが少ないこと、あるいは国民の間で文化闘争に一定の決着がついていること、国民文化それ自体がハイブリッドな構成をとっていること、対外的に誇れる文化とは何かについて国民の間に一致があること、などであろう。しかしながら、文化の一体性が国民的な自決を可能としているのか、いやむしろ自決という制度が「同化のための有力な口実」を提供できるからこそ、結果として文化的なまとまりが生まれるのか、このメタ文化論争にはまだ決着がついていない。

4　領土獲得という自己決定とその限界

国民レベルでの自己決定に組み込まれることを拒み、その運動が法的ならびに道義的な根拠に基づいているとされる少数者は、同化圧力に晒されたという事実そのものによって、自決の主体という意識を集団で持ち続けることができた。ケベック、スコットランド、ウェールズ、カタルーニャなどにおいて、ときに経済的利益への配慮が独立願望を押しとどめることはあったが、住民は基本的に自身の政治空間の獲得、使用、管理、また教育や文化の決定権の確保を目指しており、その行動は国際規範からみて正当なものとされてきた。

けれども、グローバル化によって引き起こされた国民ＩＤの回復の動きとそれに呼応しようとする政治家の台頭が、少数者に対する締め付けの強化につながり、そのため後者はいっそう同化圧力との戦いを強いられることになった。それればかりではない、少数者の自決獲得の運動は、以下に述べる要因によってこれまで以上に多くの矛盾を包み込まざるを得なくなっている。

すなわち、自決の行き着くところが分離による独立領土国家なのであれば、それを達成したあとに、脆弱な新興国としてグローバルな経済、金融トレンドの影響をまともに受け、各国家が抱えている自己決定能力の低下という同じ課題を、今度は国家として背負うことになる。他方で、独立を目標とせずに自決の拡大を目指す場合でも、自決の強化は領域内のサブマイノリティーに対し犠牲を強いることにもつながる。このことを、グローバル化時代の自己決定獲得の困難性を示唆しているとも言えるスコットランドを例としてみてみたい[13]。

言うまでもなく、スコットランド内の多数派はイングランドのそれとは異なる文化的起源を持つ。さらに、スコットランド人が描き、教える歴史には、自決を阻害してきた侵略者イングランドという集団的記憶が刻み込まれている。それに加えて、スコットランド人の多数派には、いまだに立法、通貨、教育、宗教などの面でイングランドの「内なる帝国主義」の支配を受ける被害者スコットランド、という意識を持つ者も少なくない。

そのような流れの中で、一九九七年にスコットランドはウェストミンスターからの権限移譲の賛否を問う住民投票を実施し、その結果スコットランド議会の設置が許され、自決への橋頭堡を確立した。自決という観点からは、より進んで主権国家を目指すことがいっそうの安全確保、自治獲得につながり、デモクラシーの条件となるように思われた。

一方、地域経済的にいえば、スコットランドの観光業、製造業は好調であり、独立後も安定を見込むことができる。原油を含めた資源もそれなりに潤沢と言えるだろう。かつて、八〇年代まで、少数民族は多数民族の支配する国家に留まるほうが、広域市場へのアクセスという点で経済的に有利だと言われた。しかし現在では、ネオリベラリズムの浸透による貿易・関税障壁の原則的な撤廃のおかげで、新興独立国もグローバル市場への参入が容易になっている。大規模市場の喪失という予想は、独立を躊躇う要因にはなり得ないかもしれない。

しかしながらここで考慮すべきは、英国が安全保障や経済の外的な変動に対しレジリエンスの高い国であり、その下にいるかぎりスコットランドはグローバルリスクによって打撃を被るのを阻止できたという事実である。この点はスコットランドにとって、民族的な自決の実質的基盤である経済ファンダメンタルズを維持するには好都合であった。

けれども、国家として独立を達成すれば、その代償として世界的な経済動向、他国発の金融恐慌や財政危機の影響を一国の努力で緩和しなければならないか、あるいはＥＵの枠内で地域的なガヴァナンスを通じてこれに対処しなければならない。かりに独立スコットランドがＥＵに加盟すれば、より広範な地域をカヴァーするリスク管理の恩恵に与ることができるが、一方ではさまざまな政策領域においてＥＵ基準を履行する義務が課せられ、政策運営にも相応の足枷が加わる。

これに劣らぬほど重要な問題として、エスニック集団が国民としてひとつの意思を持とうとすることが、集団内部の自己決定の擬制を強化し、サブマイノリティーの自己決定権を脅かす点がある。たとえばカナダのケベック州民ならびにケベック政府による自決達成のための努力が、イヌイットのようなサブ・エスニック集団に対して、他の州が行っている以上の厳しい同化圧力の行使へつながっていたことは思い起こされねばならない。

もとよりスコットランドにおけるスコットランド系白人は七七パーセントであり、一方、非スコットランド系白人が一九パーセント、非白人が四パーセント居住する。またスコットランド教会に帰属意識を持つ者は三二パーセントに過ぎない。したがって、多数派のＩＤ集団が領土獲得を目指すとすれば、従属性をさらに下のＩＤ単位に転嫁させる形になるのは明らかで、自決の喪失という問題を別の誰かが形を変えて引き摺って行かざるを得ないことがわかる。[14]

要するに、下位集団の自己決定の強化がさらに下位にある集団の決定を犠牲にするため、いやそうでなくとも後者に対する同化圧力の強化という形で問題が転嫁されるため、自決願望はほぼ個人単位にまで舞い降りてゆく恐れがある。[15]

5　自己決定領域の再編に向けて

国民的な自己決定の復活も、それに抵抗する少数者による分離独立の達成も、大きな問題を伴い得る点をみた。そのように考えたとき、グローバル化の中で市民がデモクラシーの主体であるという確信と神話を失わないために、決定の枠組みを再構成することは本当にできるのか。その枠組みはグローバルな政治の中ではどう位置付けられるのか。

ここで見過ごされるべきでないのは、人間関係における近接性（proximity）がグローバル化時代に持つ重要性であろう。脱領土化としてのグローバル化を考えたとしても、人々の間で集合的な自己を形成する可能性が相対的に高いのは、逆説的に、生活に根差すがゆえに接触の頻度や密度が高い相互交換の場所、言い換えると居住地を中心とした近接的な人間関係である。とくに住民は、グローバル化時代の中でもかかわらず特定の土地で経済、エネルギー、環境、雇用、保険、教育、倫理などの問題を共有している。

結局のところ、価値観が個人レベルにまで差異化ないし細分化される傾向にある民族やエスニック集団でも、また文化集団や言語集団でもなく、居住や職業の営みの場としての土地（都市）に焦点を当て、土地を共有する人々に決定権を多く付与することが解決策のひとつになりうるのではないか。

なぜならば、ある決定において多数者の側にいなかったルーザーとしての少数者が、なお次回の決定で多数者となる期待を失わない場、それゆえに多数決の決定を自らの決定として受容できる場が、近接性の下に暮らす集団以外にはないからである。その意味では、このような土地に基づく集団を、M・ウォルツァーの言うようなthickな（根付きの深い）倫理的共同体とみる必要も、領土獲得運動や「領土ポリティックス」の延長と考える必要もないだろう。

実際に、グローバル化の中でも、決定を「どのように行うか」という選択、さらにいえば「デモクラシーの中に自己決定をどのように位置づけるか」を決定できるという裁量権によって、自己決定の実質を相対的に確保している住民もある。たとえばベルギーには行政区画としての地域と、言語文化を代表する共同体があり、この二つの自己決定空間が全体の決定を重層的に構成している。その二つの空間に暮らす住民は、どちらに比重を置くかを自ら選ぶことができる上に、一方で少数者になったとしても他方で多数者になり得る可能性が残されている。

アメリカ合衆国の場合、カウンティーの構成の仕方は州ないしその領域住民の裁量であり、このことが自決に実質と意味を与えている。なお、カリフォルニア州にみられるようなその裁量を最大限に活かした公共問題解決のための住民投票の多用は、自決を実感する場を提供している。それらを併せて考えると、グローバル化時代の自己決定の基本として、開放的な領土的ＩＤを共有する集団による決定が、ひとつの有効な選択肢であることが見えてくる。領土内では多様な人々が交替で政策多数派を形成しつつ集合的行為を続けることが「可能である」という点が、地域をより開放的なものとして描くことのできる根拠となる。

もちろんこのことは、地域や地方における現存のミクロ統治システムが排除の傾向を持たないということを、意味するわけではない[16]。しかし実際に、国家主権とは別の論理を持ち得る地域や地方の政策領域で、多様な要求にミクロレベルで応え得るように地方デモクラシーを構想することは、これまでもさまざまな形で試みられてきた。「移民への選挙権付与」が国家レベルよりも地域レベルで容易である点も、このようなデモクラシーの構想の実現可能性を示している。

もとより領土国家が、地方政府をも含め市場についての決定能力、経済活動についての決定能力を失いつつあることは論を俟たない。しかしだからといって、リベラルな先進諸国の多くでは、政府にせよ、国際機関にせよ、それらがこれまで地域的な経済の詳細にまで介入していたわけではないし、介入の頻度がグローバル化によって変わったというわけでもない。地域独自の経済再生や活性化が地域に委ねられるべきことの自明性については、これからも変化がないだろう。

そのような状況を踏まえて言うと、経済・エネルギーなどの政策プライオリティーを自らで決定することは、デモクラシーの実践の裏付けとなり、グローバルな地域ネットワークの構築にも一役買うに違いない。実際に人々がこの意識に目覚め始めた先進デモクラシー国において、エネルギーに関する決定は地域ごとに違いがみられるようになっており、さらに、国家的な決定を離れてエネルギー政策が運営される事例も多く報告されている。

たとえばデンマークにおいて、望ましいエネルギー・ミックスとは何かを決めるさいに、地方自治体が「独自性」を出すことで市民の高い政治参加意欲を引き出している。住民が風力発電へ投資参加するなど、地域のエネルギーや環境の政策を自らが構想できる態勢がある。しかも国家政府は、こうした地産地消の取り組みを支援してきた。ここには「規模の経済」との、あるいは国家的にみた効率の論理との緊張関係が生まれるが、環境、エネルギーの問題における市民の自己決定がデモクラシーの再活性化のきっかけを提供していることは間違いない(17)。

くわえて、ドイツのマウエンハイム村では、村民の多数が住宅の屋根を提供して発電パネルを設置し、これを「市民エネルギー」として位置付けた。住民のイニシアティヴによるバイオガスを利用した発電施設の建設、さらにバイオガス、太陽光を組み合わせたエネルギー・ミックスの推進により、同村で必要とされる九倍の電力を生み出した。投資者には五パーセントの配当が保障され、投資者以外の住民にも他地域にくらべて安価に電力が実費で供給される。この試みは住民による共同決定（co-determination）のロールモデルとなり、欧州内でこれに倣う地域が増加している(18)。

このように、エネルギー、環境、雇用、福祉などに関するニーズは、「地域を問わず全国で一律」ということがあり得ないため、中央政府、ましてや他国や国際機関、地域機構が外から決定しようと思ってもできない。一方これらの問題は「倫理的観点」を多く含むため、持続的に住民の関心を引き寄せることができる。しかも、中央と地方の立場が異なり、さらに地方の立場が国家のそれと対抗関係にある場合、地方政府がむしろ市民の側に立った決定を志向するケースも少なくない。

自己決定をひとたび近接性に基づく住民の決定という意味で捉えれば、グローバル化によって国境の垣根が低くなったこの世界で、その決定の内容には国際協力や、コミュニケーション技術の進歩を活かした他国の地域住民とのネットワーク化、国境を越えた地域間の協定などが加わってくるであろう。のみならず地方が外交や国際交流についての行動のマージンを今よりも多く与えられれば、地域の国際化も加速される。

もっとも、グローバル化を視野に入れた地域的自決（regional self-determination）が可能になるために、中央－地方関係の在り方を制度的に見直す作業も避けて通ることはできない。ここでは、I・M・ヤングの言うように、地方自治を単に国家の干渉（interference）から護るだけでなく、そのような干渉が行われる状態としてのドミネーション（domination）から自由となるべく、邦、州、カウンティー、カントン、コミュニティーなどにおける「デモクラシーの具体的方法」を自己決定できる仕組みを、制度的に保障する必要もあろう(19)。

おわりに

「国民が複合的に構成されている」という意識の不可逆的な浸透を考えたとき、安全保障上で強いまとまりをもたなければ存続できないイスラエルのような国家、また、かつての栄光や悲惨の記憶が国内を纏める力を持っているアメリカ合衆国と中国、そしてまた安保理常任理事国としてグローバルな政策の自己決定にも参画できるイギリス、フランスのような外交大国を除くと、国民が自己決定の枠組みとしてこれまでのように機能し続けるとは思われない。

先住民やマイノリティーが存在しない国家を仮想しても、すべての集団ＩＤが国家によって代表されるような制度を思い描くことも、すべての忠誠心が国家を向くような状態を想像することも難しい。かくして、国民と呼ばれる集団は、たとえその主権が国際法、国内法により保障されていたとしても、グローバル化の中で自己決定の喪失感を味わう機会が増え続けるであろう。そのような喪失の不安に乗じて民族主義的な政治家が現れ、もっぱら安全と文化というディスコースを盾に自らの思想を拡散させようとすることが、ポピュリズムという現象を形作っているのである。

このような自己決定の危機に臨んで、これまで提示されてきた多文化社会を想定したデモクラシーの理論、また、グローバル・レベルでのデモクラシー活性化の理論は、「多様性を褒め称える」こと、また集団的自己決定モデルの非現実性や抑圧性を指摘することにはかなりの成功を収めてきたものの、多様性をひとつの意思に集約し、決定に伝達できるデモクラシーの代替モデルを構想すること、その意味で国民デモクラシーに代わる真のモデルを見出すことが、これまでのところできずにいる。

それらを踏まえて、グローバル化時代にあらたな自己決定モデルを構想するとすれば、それが開放的なローカル・モデルに基づいた自己決定の仕組みを考案することができるかどうか、その仕組みがロールモデル化されて各地域に拡がってゆくという道筋を描くことができるかどうか、ならびに、それが制度的にみて国民的な自己決定とも両立できるかどうか、が鍵となる。

かりに、地域デモクラシーの形態が憲法によってひとつに「公定」されてしまうのではなく、それぞれの地域が独自のデモクラシーの手続きや方法を考案し、それを自己決定の確信へと結び付けるモデルを構想すれば、領土型、ID型、近接型などのさまざまな自己決定の空間が用意され、それらが重層的に絡み合うことで人々の自己決定への願望は満たされてゆくかもしれない。

たとえばカナダは、国是として連邦制と多文化主義を採用している。しかもカナダ国民はこれを、アングロサクソン、フレンチ、先住民というエスニックならびに地域的な多元性を内に抱えるカナダが生み出した独自なデモクラシーとして認識し、愛国心の中核に据えている。それによって、祖国カナダを「デモクラシーの先進性ゆえに愛する」という、ある意味でグローバル・デモクラシーと両立しうるナショナル・プライドを、国民は共有し始めている。

自己決定アリーナやそのための権限が存在するところに人々が集合し、近接性に基づく集団を形成する。その新しい集団への忠誠心は、その土地住民のデモクラシーの流儀についての共通の理解、また決定を共有しているという神話に支えられている。国家や国民に収斂するわけではないこのような忠誠心は、一領土に長い間住んでいた市民のみがそれについて誇ることを許されるわけではなく、そこに参加する人々がそれを培ってゆくという意味で、グローバル化時代にマッチした公的空間の構築と言うことができよう。

愛国心はデモクラシーの条件というCh・テイラーによる定式化との関連でいえば、グローバル化時代の自己決定と両立する同胞愛とは、テイラーやキムリッカが言うような文化的・言語的なものでは必ずしもなく、「独自の地域デモクラシー」をともに実践している人々の運命を同胞として気遣う、というものとなろう。[20] 資源やエネルギー、雇用などで自己決定の成果を挙げた地域がロールモデルとなり、それらの地域が相互にネットワークを結ぶことが、デモクラシーの活性化に結び付くことは間違いない。

注

（1）グローバル・デモクラシーの問題を「国際」と「国内」という二つのトラックに分け、それぞれの課題を明らかにしたのはペーターズである。筆者によるグローバル・デモクラシーの課題の分類も、主に以下の論文とペーターズ氏と交わした議論から示唆を得ている。A. N. Peters, 'Dual Democracy', Jan Klabbers, Anne Peters, and Geir Ulfstein (eds), *The Constitutionalization of International Law* (Oxford: Oxford University Press, 2009), pp.263–341.

（2）西洋由来の国民国家モデルに内在する矛盾が、自己決定を原理とするデモクラシーにどう表出しているかの細かい説明としては、以下を参照されたい。押村高『国家のパラドクス――ナショナルなものの再考』（法政大学出版局、二〇一三年）、序章、三―四頁、および注5（同書二〇頁）。

（3）Jeremy Waldron, 'Two Conception of Self-determination', Samantha Besson and John Tasioulas, *The Philosophy of International Law* (Oxford: Oxford University Press, 2010), pp.397–413.

（4）Aristotle, *Politica*, VI, ii, 1317b. 山本光雄訳『政治学』（岩波書店、一九六九年）、二五二頁。

（5）Benedict Anderson, *Imagined Communities: Reflections on the Origin and Spread of Nationalism*, revised edition (London & New York: Verso), pp.49–68. 白石さや・白石隆訳『増補 想像の共同体——ナショナリズムの起源と流行』（ＮＴＴ出版、一九九七年）、九一—一一八頁。

（6）この文書のほか、国際法の条文で「自決」について言及されているのは、以下である。「人権と人民の権利に関するアフリカ憲章」（一九八一年締結、一九八六年発効）二〇条、「植民地独立付与宣言」（総会、一九六〇年）、「友好関係原則宣言」（総会、一九七〇年）。なお、キムリカは、国際法上のマイノリティー保護が、国家内に長く定住しているマイノリティーの権利と先住民の権利のいずれにおいても、「リベラルな多文化主義」の水準からみて不十分である点を指摘している。W. Kymlicka, 'Minority Rights in Political Philosophy and International Law', Samantha Besson and John Tasioulas, *op.cit.*, pp.377–96.

（7）Allen Buchanan, *Justice, Legitimacy, and Self-Determination* (Oxford: Oxford University Press, 2004), pp.372–73. 自決が実際上、国際法の原則としては役立たないという指摘については、ムーアの以下を参照。「表面的には、人民をして決定させようという自決という原則は合理的なもののように思われる。しかし実際には、誰が人民に相当するのかを他の誰かが決めてくれて初めて人民は決定することができるのであるから、この原則は不合理である」。Margaret Moore, Introduction: The Self-Determination Principle and the Ethics of Secession, Moore (ed), *National Self-Determination and Secession* (Oxford: Oxford University Press, 1988), p.2.

（8）とくにアフリカでは、民族やトライブが領土の区分に対応してはおらず、エスニックな集団を自決の主体とみることが実際上は不可能であった。その結果、自決概念は、独立して間もない国家が「他国の干渉を受けずに」国内政治制度を立ち上げ、経済資源をコントロールし、政治、経済、社会、文化の体制を選択するため、自立性を擁護する原理に変わった。Jean L. Cohen, *Globalization and Sovereignty: Rethinking Legality, Legitimacy, and Constitutionalism* (Cambridge: Cambridge University Press, 2012), p.250.

（9）このような多文化主義からの攻勢に対して、自己決定の立場からナショナリズムを直接、間接に再解釈した文献は数多くあるが、その中でもとくにタミールによる以下の論考が自己決定の問題を正面から取り上げている。Yael Tamir, *Liberal Nationalism* (New Jersey: Princeton University Press, 1993), Ch.3. タミールはここで、自己決定を抑圧されている集団を「救済するための概念」と解釈する方向性に異論を唱え、むしろ文化的アイデンティティを保持するための権利と捉えている。

（10）The Telegraph, What would Brexit mean for British sovereignty? http://www.telegraph.co.uk/news/2016/05/19/how-does-the-eu-impinge-on-british-sovereignty-and-if-the-uk-vot/

（11）Finding the facts: The truth behind the Referendum claims on imported EU laws in the UK, http://www.itv.com/news/2016-04-14/finding-the-facts-the-truth-behind-referendum-claims-on-imported-eu-laws-in-the-uk/

（12）May Brexit Speech, 18 January 2017, http://www.bbc.com/news/uk-politics-38662998

（13）スコットランドのナショナリズムと英国のナショナリズムの関係については、以下を参照。押村高「リベラル・ナショナリズムの陥穽――グレートブリテン島の集合意識」、前掲書、一五七―一七八頁。

（14）以下のデータを参照した。Scottish Government Homepage, Demographics, Ethnicity. http://www.gov.scot/Topics/People/Equality/Equalities/DataGrid/Ethnicity スコットランドの近年の民族問題と、多文化主義の浸透については、以下を参照。Jan Penrose and David Howard, 'One Scotland and Many Cultures: The Mutual Constitution of Anti-Racism and Place', Claire Dwyer and Caroline Bressey (eds), *New Geography of Race and Racism* (London and New York: Routledge, 2008), pp.95–112.

（15）自決の権利が、文化的に異質で、平等には扱いようのない移民を「制限する」権利をも含むと解釈する者もいる。ウェルマンは、自決の権利を「誰とともに社会を作るか」を自由に決定できる権利とも解釈し、このような結論を導き出している。Ch. Wellman, 'Immigration and Freedom of Association', *Ethics*, No.119, pp.109–41.

（16）自決を主張できる集団は、すくなくとも内部に暮らす者たちを互いに差別なく扱い、すべての声を代弁できる代表を持つ必要がある。そのような義務を果たす人々のみが、自決の権利を主張できる資格を持つ。このように主張する自決の「規範理論」がある。たしかに、自決の権利を主張する要件を定めれば排除の問題は解決するかもしれないが、このような排除問題の解決法は本章で論ずる自決の論理とは位相と脈絡が異なるので、ここでは検討対象とはしない。Cf. Jean L. Cohen, *op.cit.*, pp.191.

（17）Danish Energy Agency, *The Danish Energy Model: Innovative, Efficient and Sustainable*, https://stateofgreen.com/files/download/1401

（18）Community Heating: Mauenheim, in House of Commons, Environment, Food and Rural Affairs Committee, *Climate Change: the Citizen's Agenda* (London: Stationary Office Limited, 2007), p.46.

（19）Iris Marion Young, *Inclusion and Democracy* (Oxford: Oxford University Press, 2000), pp.257–59. ここでヤングは、グローバル化時代に相応しい自決の在り方やそれを保障する制度の原則として、この点に触れている。

（20）Charles Taylor, 'Why Democracy Needs Patriotism', Martha Nussbaum et al., *For Love of Country: Debating the Limits of Patriotism* (Boston: Beacon Press, 1996), pp.119–21.

第７章　主権の新思考とは
――ＥＵのこころみ

はじめに――ＥＵと主権論争

一般に欧州連合（ＥＵ）は、主権国家の発祥と発展の地である欧州が、そしてグローバル化による主権の機能低下をも経験した欧州が、主権の在り方に根本的な修正を加えた事例と解釈されている[1]。しかしながら、欧州統合が主権概念を流動化させたことは確かだとしても、ＥＵの誕生や深化の過程で国家主権の捉え方やディスコースがどのように変質したのか、あるいはしなかったのかについては、定まった解釈があるわけではない。

もとより、ＥＵをめぐる主権論争が収束に向かわない理由のひとつに、主権の概念整理が容易ではなく、しかも各国の歴史的な事情を反映する形で、主権ディスコース（言説）が多様に用いられてきたという経緯があるだろう。たとえば、フランスにおいては歴史的に一枚岩的な主権が指向され、主権は共和国主義、中央集権国家、国家法人説などを連想させる。これに対し二〇二〇年に脱退したイギリスでは、一般に国民主権という言い方は敬遠され、「議会主権」が好まれていた。なお、連邦主義をEUのモデルに据えようと試みるドイツには、フィッシャーのように主権を各国家とヨーロッパで分割や分有が可能なものと捉える者がいた。(2)

いっそう厄介な問題は、欧州統合のプロセスにおいてむしろEU懐疑派（Euro-sceptics）の方が、主権ディスコースを好んで用いたという事実である。かれらは、「主権があるかないか」、「国家の独立保持かブリュッセルへの従属か」という極端な二分法をもとにこの概念を使い回すことによって、世論を誘導しようとしており、実務的な議論を阻む要因にもなっていた。さらにいえば、主権についての検討をより困難にしているもののひとつは、後述するように、主権というタームがEUの実務書類や条約文書ではほとんど用いられていないという事実かもしれない。統合プロセスにおいて、統合推進者は混乱を避けるために、むしろ主権の議論を慎重に回避してきた、といった方が適切だろう。

本章では、紛糾している主権の議論を、法的な論争ではなくして、思想的な分析、あるいはディスコース分析を使って選り分けながら、統合や深化の過程、とくに一九八〇年代後半からの二〇年間に、EUが国家主権の問題とどう折り合いをつけたのか、あるいはつけなかったのか、を考察したい。また、EUをアメリカ合衆国に類似した主権的なユニットに高めるという思想は現実的なのか、さらにEUの経験をアジアをはじめとする他地域が共有することは、言われているように不可能なのか、このようなクエスチョンを設定して、グローバル社会の哲学の最大問題のひとつである主権の行方について展望してみたい。

そののち、もし主権を「決定権の主体性」として捉えるとすれば、ＥＵ構成国が、主権の共同管理と共同運用というアイデアの採用によって、むしろこれまでとは違った意味において「決定権を強化した」と解釈することができる点をも指摘する。そして最後に、ＥＵ主権ディスコースの東アジアへの適用によって明らかとなる東アジア地域システムの特質とは何かが検討される。

1　主権概念の戦略的な組み換え

（1）連邦主義者と連合主義者

かつて欧州統合を構想した者たちが、それを「主権を制限するような共同体」だと考えていたことは疑いの余地がない。というのもかれらは、第一次、第二次世界大戦という主権国家相互の敵対とその悲劇的な結末に衝撃を受け、これを繰り返さないための手段として統合を提案していたからである。

非戦論者によると、戦争は何にも増して国家主権への過度なこだわりによって生み出される。したがって、欧州が三度目の全面戦争から逃れる唯一の途は、主権の行使を相互に制限するような統合である。そのため、各ユニットが決定権限の死活的部分を保有するが、それ以外を委譲するような連邦が構想された。

統合ならびに共有資産の適切な発展のための、政治的および経済的な共同行動を確保すべく、欧州諸国が主権の一部を委譲および融合させるべきときがきたことを、ここに宣言する。(3)

もっとも、「連邦」という言葉が明らかにしているように、戦後の最初期に欧州統合を構想したかれらは、必ずしも単一（unitary）の欧州国家を目指していたわけではなかった。なぜならば連邦主義者によれば、戦争の原因は、主権拡大への野望とともに、欧州においては単一主権の樹立を目論む帝国主義的な野心でもあったからだ。そこでかれらは、神聖ローマ、スイス連邦、ネーデルラント連邦の形で実験したことのある連邦モデル、そしてアメリカ合衆国という連邦国家を模範として、あるいはサン＝ピエールやカントの国家連合の構想を参照しつつ、国家主権を規制する方途を探し求めたのである。

そのような連邦では、中央機関や中央議会が設置され、各国の主権の一部が委譲されるだろう。さらにそこでは、欧州民衆の意思が支配する代表制議会が、欧州内外の安全保障問題で各国政府より上位の立場から主権的意思を表明することになる。やがて議会を砦とする諸国民が民主的エートスを共有するに至り、国民を越えた連邦的なヨーロッピアン・デモスが生み出されるに違いない。いずれにしても、主権国家の確執こそが大戦の惨禍を生んだと考える連邦主義者にとって、欧州が迫られている真の選択とは「アナーキーか、それとも連邦か」なのだった。

フランス官僚モデルの影響下において、機能主義的、エリート主義的な統合を構想したジャン・モネが、欧州石炭鉄鋼共同体（ＥＣＳＣ）における高等機関（Haute Autorité）の性格について連邦主義的なイメージを抱いていたことも、別段意外ではないだろう。

国家主権そのものが克服されない限り、国家対立が悪化することは不可避なのです。（中略）しかし今日、六カ国の会議は入念な討議ののち、圧倒的多数により、最初の欧州共同体の創設を決定しました。これにより各々の国家主権の一部は統合され、共同の利益として付託されるのです。(4)

もし、統合を国家連合ではなく、連邦主義者の意味で解釈するならば、それは各国に主権の一部の委譲を迫るものということができる。今日にいたるまで、欧州統合のイメージに、主権の委譲、制限、喪失という一種の強迫観念がつきまとうことになったゆえんである。実際、このような喪失への恐れをかきたてることによって、自国の欧州経済共同体（ＥＥＣ）、欧州共同体（ＥＣ）、ＥＵへのコミットメント拡大を阻止し、統合そのものにブレーキを掛けようとしたのが「懐疑論者」ないし連合主義者（confedarationist）であった。

たとえば、イギリスのＥＣ残留を問うた一九七五年の国民投票時に、残留反対で論陣を張った懐疑論者は、イギリスの「議会主権」の喪失という国民の不安感に訴えかけていた。同様に、一九八〇年代に主権主義者としてひとり気を吐いたサッチャーもまた、「独立して主権を保有する諸国家の間の自発的かつ活発な協力こそ、欧州共同体を首尾よく建設するための最善の方法である」と述べ、各国が主権を保持するような国家連合的な共同体を提唱していた。(5)

さらに、フランスにおけるマーストリヒト条約批准の国民投票の際に、たとえばCh・パスクアやPh・セガンは、EUの始動により決定権がブリュッセルのEU本部やフランクフルトの欧州中央銀行に接収されると主張して、世論の支持を獲得することができた。これらとは別に、社会民主主義者もまた、EUが政府や議会の自己決定権にダメージを与えることを警戒していた。かれらの観測によると、金融統合によって財政、雇用、福祉などのマクロ経済主権が国家の手を離れることで、多国籍企業や金融資本の権力が解き放たれ、EU内で労働賃金の底値競争が熾烈化するからである。

主権の低下を理由に統合や深化に反対するディスコースは、二〇〇〇年代初頭に至るまで各国世論の一定部分を占めており、欧州憲法条約の交渉のような機会に勢力を盛り返していた。

憲法条約は、ブリュッセルによって統治される非常に中央集権化された連邦の単なる地方という地位に加盟国を貶める。憲法条約は、欧州外交政策、防衛政策、経済・財政政策、難民・移民手続きなどを創設するにあたって、多くの重要な分野において国の統治管理を無効とする。(6)

二〇〇五年六月のオランダにおける欧州憲法条約批准のための国民投票でノーを投じた者のうち一九パーセントが、「国家主権の喪失」を反対理由(複数回答方式)に挙げていたが、これは「情報の不足」という反対理由の三二パーセントに次ぐ高率であった(7)。

いずれにしても、その立場が真っ向から対立していたにもかかわらず、連邦主義と懐疑論には、主権解釈においてある種の共通点がみられた。それは、主権を「外部から支配を受けない状態」と定義したうえで、地域統合が国家の統治に制約をもたらすかどうかを議論するという姿勢であった。

(2) 共同管理メタファーと懐疑論の後退

仮に、ＥＵ関連の条約に「主権の委譲」を強く匂わせる条項が存在していたならば、各国国内の反発によってＥＵは挫折を味わっていたかもしれない。それと同時に、欧州以外の地域統合、たとえば東南アジア諸国連合（ＡＳＥＡＮ）や南米南部共同市場（ＭＥＲＣＯＳＵＲ）、アフリカ連合（ＡＵ）においても、ＥＵをモデルにするインセンティヴは生まれにくかったに違いない。しかしながら、「単一欧州議定書」（Single European Act）以降しばらくの間、欧州統合の歩みは、このような懐疑論ディスコースの妥当性を掘り崩す方向へ進んでいった。

たとえば、フランスにおいては、マーストリヒト条約批准までの左右の軸を越えた大論争ののち、一九九〇年代半ばに主権主義者は勢いを失ったのである。その理由として、国際関係論の重鎮Ｓ・ホフマンは次の点を指摘している。すなわち、ＥＵの政策が主権主義者の強調するほど欧州委員会の官僚により立案、決定されていたわけではなかったこと、また、構成国はＥＵ統合による主権の喪失を云々する以前に、グローバル化やアメリカの圧力により主権を奪われており、かれらにとって主権の維持よりむしろ回復が真の課題であったこと、などである。

さらにホフマンによると、当時、加盟国が一五にまで増え、新規加盟国の交渉を行っている段階で、もはや「小欧州」を唱えても意味がなかったこと、さらに冷戦後のアメリカの覇権に対抗するには、たとえばフランスの外交主権では不足であり、欧州共通外交政策に賭けるしかなかったことも、その理由として挙げることができる(8)。

一方ドイツにおいては、一九九三年に連邦裁判所が「主権的なままであり続けている国家が存続し、その授権の上に成り立つのが、EUのような国家統合による高権的権限の行使である」という憲法解釈を下したが、この判断は、EU関連条約の根拠が主権国家の同意にある点を確認することによって、「マルクとともに経済主権が喪失するのではないか」というドイツ人の不安感を和らげることに貢献した。

くわえて、統合推進者たちは一九八〇年代後半より、右のような不安感の増殖を危惧して、EUが国家主権を上回る決定主体となることはあり得ず、国家の消失を導くものではないという安心感を与えるべく、A・スピネリが提唱し、覚醒させた「補完性原理」を基本条約に組み込むなどの努力を開始していた。イギリスで反欧州統合派や懐疑派の砦となっていた労働党が、親欧州統合の路線へと転換を見せ始めたのも、一九八〇年代の後半である。

何よりも、懐疑論が説得性を失う最大のきっかけを提供したのが、欧州委員会や統合推進派が公式の文書その他において、主権の共同管理（pooling）や共同保有（sharing）というメタファーを採用したことであろう。たとえばＥＵ関連の文書では、主権の所在について以下のように説明されていた。[9] すなわち、ＥＵは、構成国が「独立の主権国家のままでいる」という意味で、連邦とは区別される。さらに、各国が主権を共同運用している点で、国家連合や政府間組織とも異なった性格を持つ。しかも必要とあらば、各国は主権的判断に従っていつでも共同管理から脱退することができる。

さらにその文書では、主権を共同管理する理由や目的として、各国家が個々に行動するときより「大きな集団的力や影響力を得る」点が掲げられていた。それはすなわち、ＥＵ構成国が世界政治や世界経済の中でより大きな発言権を手にしたに等しいと、説明されている。このようにして、統合の進展は、主権を「保持か喪失か」の選択で論じるような状況そのものを変質させていく。実際に、「憲法条約」の交渉の際に主権主義の単発的な巻き返しはあったものの、二一世紀に入って欧州統合が主権の委譲を迫ると解釈することは、いまや時代遅れとさえ考えられるようになった。

そのように単純な観点で主権を語ることは、主権についての近年のパースペクティヴを無視することになる。近年のパースペクティヴは、現下のグローバル化の進展状況を踏まえて、語られる主権が実際上のものかそれとも理論的なものなのかをまず問題にする。[10]

他方、懐疑論ディスコースへの反論としては、主権を機能主義的に解釈し、行使の実際の環境や効果に着目する議論が有効であることも明らかとなった。たとえば、イギリスにおいてかつて通貨統合への加盟を支持する者たちが主権主義者に対して用いた議論は、まさしく機能主義であった。彼らによると、実在論者のいうような経済主権は、いまや「幻想」に過ぎない。もし経済通貨同盟（ＥＭＵ）加盟を果たさなければ、イギリスは辺境に追いやられ、世界経済における主導的な地位、つまり主権を失ってしまうだろう。しかし、欧州中央銀行（ＥＣＢ）、ＥＭＵのメンバーに加われば、新たに世界金融への発言力という、より大きな主権を手にすることができる。[11]

伝統的な主権が「あるかないか」「独立か従属か」などといったタームで観念論的に語られるのに対して、機能主義者の議論は、主権の実質を「国民が自らの運命に行使しうるコントロールの度合い」[12]と解釈しつつ、その拡大を目標に定めるなどの柔軟さに特徴がある。このようにしてＥＵは、共同管理という概念操作によって「喪失」という恐れを取り払い、さらに、実在論を機能主義に転換することで、懐疑論をある程度まで斥けることができた。そして、欧州統合推進者自体も、一九九〇年代に経済・市場統合から金融・政治統合へと進むにあたり、主権を「機能的に分割する」というアイデアによって政治的議論の行き詰まりを打開してゆく。

すなわちマーストリヒト条約締結以降の欧州統合は、経済・金融、安全保障、内務・治安、農業、環境、科学技術、文化教育などの「政策領域」を区分けしつつ、構成各国のこだわりの少ないもの、あるいは、合意が容易なものから主権の共同管理を強化してゆく方式を採用する。その際に、国益を機能主義的に代表する欧州連合（閣僚）理事会が、全会一致と特定多数決の使い分けによって利益調整に重要な役割を発揮し、政策分野ごとの実績を積み上げたのである。

2　統合と主権についての理論的説明

（1）決定権限の機能的再編

地域統合としてのＥＵに関する解釈には、構成各国によるパワーゲームを重視する現実主義、市場統合のスピル・オーヴァー効果を指摘する新機能主義、政府間の妥協の役割を強調するリベラルな政府間主義、ＥＵをひとつの政体（polity）とみる比較政治学的な分析、そして地域ガヴァナンスという視点から統合を捉える見方など、さまざまな潮流がある。しかしながら、そのような多様な諸潮流のなかに、グローバル化より統合の方が「国家主権を決定的に低下させた」と解釈する者はほとんどない。ここでは、なぜ理論家たちがＥＵをして主権を掘り崩す存在と見ていないのか、検討しておきたい。

主権を、グローバル化という文脈のなかで、つまり行使の環境のなかで議論しようとするのが新機能主義（neo-functionalism）である。この見方に立てば、ＥＵは結果でも目標でもなく、進行中のプロセスであり、それは伝統的な国家主権に対して差し当たり「中立である」、という解釈が導かれるであろう。新機能主義から見ると、欧州各国が通貨統合以前には主権をフルに行使できたが、統合の開始とともに主権を失ったとする解釈は、現実を読み誤っている。というのも、欧州では、グローバル化によってすでに主権を取り巻くコンテクストが変化しており、単一欧州議定書調印の「以前に」従来の意味での主権は機能不全に陥り、主権の対内的正当性が低下していたからである。

たとえば、一九八〇年代に、グローバル化、関税および貿易に関する一般協定（GATT）／世界貿易機構（WTO）による貿易や通商に関するさまざまな取り決めとそれに伴って発生する義務、国際機関と連動したアメリカの助言や圧力、マーケットパワーや格付け機関という国際的な私的権威体などが、すでに欧州各国の自立性を損なっていた。いや構成国は、経済や金融の領域においては、「同意した場合を除き外部からの拘束を受けない」という意味における主権を、統合以前に奪われていたかもしれない。

主権の「運用可能性」に注目すると、政府が機能不全に陥るとすれば、政策の決定や執行は、多国籍企業や国際金融資本などのアクター、利益団体やNGOの国境を越えたネットワーク、そして他国政府などの手を借りざるを得ない。このような経済環境の変化に応ずるため、主権国政府も市場政策の協調とその制度化のための超国家的な機関の設置への同意を余儀なくされる。

なるほど理論上は、国家主権の側もこのような政策協調の圧力に対して、昔ながらの主権的意思によって「ブレーキを掛ける」ことはできるし、実際にそのような事態も起こっている。古くは一九六五年のハルシュタイン委員長に対するドゴールのフランスの反発、八〇年代のEUの政治的統合に、「英国のために闘う」というスタンスでブレーキを掛けたサッチャーのイギリスの抵抗がその例にあたる。この点を強調するならば、伝統的な主権はなお意味を失っていない。

しかしながら主権の機能を経過観察すると、政府エリートが一国主権主義の時代との不適合を学習する結果、政策は国を越えた協調の制度化を阻害しないものへと次第に収斂していくことがわかる。[13]国家を横断する規則の制定、各国家の影響からの規則の自立、規則の内部化を通じての各アクターとくにエリートの合理的選択が、このような動きを後押ししたのであり、欧州委員会はまさしくそのようなポリシー・エリートたちの砦になったとみられる。

さらに、政策協調の触媒ともいえるのが、新機能主義がキー概念に据える「スピル・オーヴァー」（spillover）である。スピル・オーヴァーとは、経済の相互依存やネットワークという非政治的かつ脱領土的な力が政治や社会に浸透し、地理的にも拡大してゆく過程を意味する。新機能主義者はとくに、経済における相互依存がwin-win関係や脱政治化による協調ムードを醸成し、なお市民社会にいたるまでの「ヨーロッパ化」を進行させ、ほどなくそれが安全保障コストの削減につながって、各国が資源をより有効に活用できるようになる点に注目する。

スピル・オーヴァーは、必ずしも明確な学問的概念とはいえないかもしれない。しかし、市場統合が叶わず、スピル・オーヴァーが稼動しなかったならば、加盟国は相互に膨大な安全保障コストを払い続け、経済主権や財政主権のよりいっそうの低下を経験したに違いないことを考えると、経済、金融、そして社会政策まで含めた国家を越えた協調と、その政治外交や安全保障への波及効果の重要性は明らかだろう。

機能的な統合であれば、新しい主権の創造を必要としているわけではない。そのような統合は、自らが非政治的たることをめざすわけではないが、共通の共同体の問題を脱政治化するという意味で政治を回避しようとするので、国家主権に対する直接の脅威となることもありえない。実際に、諸国家は明確な統一体として存在し続けるのである。(14)

(2) 地域統合による新たな決定権の獲得

一方、リベラルな政府間主義(liberal inter-governmentalism)は、EUにおける国家主権の行方について異なったナラティヴ(説話)を展開していた。彼らによると、EUの進展は、まさしく国家が主権を用いて自覚的に統合を推し進めた結果でもあった。欧州は統合プロセスにおいて、あるいは拡大を行うに際して、主権国家の正当な選挙代表としての政府閣僚や外交官が交渉にあたった。その各国の代表は、そこに利益団体が圧力を掛けており、その圧力を背に感じていたという意味で、各国の経済利益をもよく代表していた。

したがって、それぞれの政策分野で、構成国の国益との接点を見失わずに、しかも利益団体も納得できるような妥協をEUは追求してきた。裏返していうと、一九八〇年代以降、欧州統合やEUの諸規則が国家のコントロールを離れたことはなかった。この意味でEUは、国益の自由な追求としての主権を「保護する」形に機能したのである。モラフチックなどの政府間論者やミルウォードなどの国家間論者が機能主義者と決定的に異なるのは、このような政策協調が「自動調整的に」(たとえばスピル・オーヴァー効果などによって)稼動したわけではない、と考えている点である。

すなわち、欧州統合において、欧州連合（閣僚）理事会が牽引車として重要な役割を果たしたが、この理事会は、何よりも国益の調整の場であり、妥結の場として機能した。欧州委員会も、理事会の妥協できる案件を中心に政策アジェンダを組んでいた。いうまでもなく、合理的な経済利益に沿って主権的に協調することが容易になり、政府間の協議による統合が叶った背景には、各国がともに、「一国ケインズ主義」の限界を意識しつつネオリベラルな方向に政策の舵を切り、政策アウトプットがコンヴァージュ（収束）しつつあった点がある。また、生産者相互の越境的ネットワークが、構成国政府に対し共通の政策の採用を働き掛けた点も劣らず重要だろう。

さらにいえば、これのコンヴァージュを、主権国家による正式な条約の調印と批准が、いわゆる制度化の形で後戻りできないようにさせていた。主権国家による交渉や取り決めは、政府がそれを持ち帰って国内立法で徹底させるという意味でも、統合に有効だったとみられる。政府間主義から見ると、統合プロセスはその他にも、主権を強化させたといいうるようなさまざまな副産物を生んだのである。

それまで弱体化していた各国家の対内的な主権についていえば、通貨統合時の加盟基準達成アジェンダのような「外圧」を通じて政府が通貨、財政、社会保障改革を断行し、それによって主権国家の対内的な権限を回復、強化することもできた。(15) このような見方を推し進めるならば、ミルウォードのいうように、統合された欧州は、国民国家に置き換わるべきものではなく、グローバル化の過程で「国民国家を救済する」ものでさえあった。(16)

実際、EUという枠内での政府間交渉の妥結は、一般的にはレジームという形に結実するが、かつて全欧州安全保障協力会議（ＣＳＣＥ、現・欧州安全保障協力機構（ＯＳＣＥ））のような枠組みが主権を側面から安定させることにつながったのと同様、レジームは各国の国家主権の存続を保証するように作用する場合もある。ＥＵもまさしくその事例となった。

このことは安全保障主権において顕著であり、たとえば、もともと安全保障リソースがなかったといってもよいルクセンブルクのような小国は、ＥＵのレジームが強化されるほど、国家としての独立性と自己決定空間が尊重を払われたのである。言い換えると、ＥＵは、諸国家がその諸特権を共同管理に差し出すのと引き換えに、経済から安全保障にいたるまでの広範な領域で多元性や自由の保障を得るという、「主権と国家の新しい関係を築いた」システムとみなすことができよう。

統合による各国の政府、議会、選挙の民主的性格の後退が指摘されて久しい。しかしＥＵの正当性も、それを交渉する国民国家の外交代表の正当性に由来していることを考慮に入れたとき、この問題の解決策は、欧州議会の権限強化や欧州的なデモスの育成よりむしろ、交渉主体である政府代表の民主的正当性を構成各国の政治プロセスのなかで強化、拡充していくことなのかもしれない。

（3）リスボン条約発効以後の揺り返し

二〇〇〇年代末以降、それ自体がナショナリスト的主権解釈への回帰モーメントを含むリスボン条約が二〇〇九年一二月に発効してから、その条約の効果によって、あるいは二〇一〇年代にＥＵが経験した危機への対応をきっかけに、ＥＵの主権論争にはいくつかの大きな転回がみられた。イタリアの法学者R・ビフルコと同じくイタリアの政治学者A・ナトが著したEUの主権論争についての包括的研究『EUにおける主権概念——過去、現在、そして未来』（*The Concept of Sovereignty: Past, Present, and the Future*）は、その原因として複数の状況変化を指摘している。[17] ここでは、それらを参照しながら、主権論争に生じた変化をみてみたい。

まず、二〇一〇年をピークとするギリシャの財政危機への対応において、あるいはそれより先に合意を見た安定成長協定や過剰財政赤字是正手続の実装において、EUは厳しい緊縮や財政規律を打ち出した。危機への対応策策定やその実施プロセスの中で、事実上欧州議会や各国議会が遠ざけられ、EUの民主的性格が後退してしまった（いわゆるdeficit）。このことは、各国のデモクラートからの激しい反発につながってゆく。

政権への不満を抱くデモクラートは、EUのような国家横断的権威をスケープゴート化して、そこに国内問題深刻化の責任を帰する、という論法を多用した。さらにかれらは、決定権の奪還を掲げて、それを加盟各国の主権回復、EU機関の権限制限の議論に結び付けようとした。これによってまず、EUへのさらなる権限移譲派と、移譲反対の連合主義者との間の均衡は、後者へ有利に傾くように崩れ去ったのである。このことが、二〇一〇年代以降の構成各国におけるポピュリズム台頭の背景を成しているといえる。

次に、リスボン条約がその四条において「ナショナルなアイデンティティを尊重する」と謳い、五〇条で「いかなる加盟国であろうが、自らの憲法上の要件に従う形で欧州連合から脱退することができる」という規定を設けたこともまた、皮肉にもブレクジットを促進する効果をもたらしてしまった。この意味でイギリスの離脱は、EUの主権論争の成り行きが上述したように国家主権を取り戻す方向に傾きつつあったという事情を、如実に反映していた。

とはいえ、イギリスがサッチャー政権時代に、自らの国家主権概念に従ってEUの権能拡大を阻止し、EUの方向性に影響を及ぼそうとしたときと比べると、二一世紀のイギリスが影響力の行使ではなく脱退の道を選んだということを、それだけEU体制と各構成国との権限のバランスが、不可逆的なほどEUに傾いていたことの証拠だとみなすことも不可能ではない。実際に、このときのイギリスの離脱派は、至高の権限を法・制度的に取り戻すという姿勢もさることながら、むしろイギリスの議会政治文化を護る、などという文化論（非制度）的な主張を前面に押し出していた。

さらに、テロやCOVID－19などのリスク対処の必要性がかつてないほど高まってきたこともまた、一時代前の国家中心主義的かつ領土的な主権解釈を蘇らせるという側面を持ってしまった。たとえば、欧州委員会が経済回復のための財源提供やサプライチェーンの多角化などの政策協調を呼び掛けたものの、感染症対策、公衆衛生対策は各国単位で対応を行うこと、その対応に各国が責任を持つことが原則とみなされており、この点でEUはリーダーシップを充分に発揮することができなかった。なおこの危機を通じて、執行部もそのような権限を手にしていないことが明らかとなった。くわえて、欧州委員会にとっては、EU域内でコロナ禍の被害の度合いに構成国間で開きがあるという状態を改善することもままならなかった。

過去一〇年余りの動向を以上のように振り返るならば、ＥＵの主権ディスコースが、間違いなく旧来の国民国家アプローチの方に振れたということはできる。しかしながら、ビフルコとナトが指摘しているように、たとえば近年台頭してきたヨーロッパの「デジタル主権」などという考え方が象徴するように、ＥＵ域外からのリスクや、決定権の侵害や浸食、とくに安全保障上のそれらに対して、かつてのように「連邦的な」主権のディスコースがその有用性を発揮する可能性は大いにある[18]。というのも、それらの主権を、構成国が単独で努力しても獲得し、保持することができないという事実に、変わりがないからである。

3　東アジアにおける主権ディスコース
――ヨーロッパとの比較

これまで、欧州統合プロセスにおける主権ディスコースの組み換えについてみてきたが、われわれは、主権という概念ないしディスコースが今日、欧州の現実を言い表わすのにはかなりの問題を含むものである点をも知ることができた。実際に、マーストリヒト条約交渉過程の混乱をみたＭ・ニューマンは、一九九六年に出版した『デモクラシー、主権、ＥＵ』においてすでに、主権がここまで歪められた、曖昧になったからには、「その概念はいまや現状分析を阻害する」とまで言い切っていた[19]。

このような「主権概念の廃棄論」もそれなりに魅力的ではあるが、とはいえ、Ｊ・ホフマンが指摘するように、そのような廃棄の仕方が、国家そのものの分析に著しい困難をもたらすことを忘れてはならないだろう。言い換えると、国家の実在を認めながら、その国家が存在の多くを負っている主権の概念を放棄することは、不可能なのである[20]。さらにいえば、主権を実在としてではなく、知識や真理のディスコースとして捉えるならば、主権論を用いることで、学問的にも実践的にも一層明確になるものが確かに存在する。

とりわけ、主権のディスコースがどう使われているかを分析することで、地域における国家間関係の本質がよりはっきりと見えてくるのが、東アジア地域だとも言い得るだろう。

（1）EU理解の東アジア的な偏差

東アジア各国とASEAN加盟国の政策担当者の間で、統合欧州は、EMUに象徴されるような「経済主権の委譲を伴う共同体」と位置付けられることが多い。その結果、主権へのこだわりの強い東アジアは、「EUとは異なった道を歩むべき」と考えられている。

たとえば、二〇〇八年に発効した憲章の中で「主権の尊重」が原則のひとつとして謳われたASEANの、S・ピッスワン事務局長（当時）が、「ASEANにとってEUは創造的な刺激を受けるが、モデルではない。私たちは地域の連合は目指さない」（「朝日新聞」二〇一二年一月五日朝刊）と語っており、また、日本の国際経済交流財団の会長も、欧州連合のような共同体では、場合によっては「加盟国が主権の一部を譲渡する」（「朝日新聞」二〇一二年一月一三日朝刊）と解釈していた。

もとより、グローバル化に伴う主権国家の機能不全という問題は、ＥＵのみならず東アジアにも、先進国か途上国かを問わずに共通していた。さらに、東アジアにおける貿易の域内比率、海外直接投資の域内比率はＥＵ、北米自由貿易協定（ＮＡＦＴＡ）をもしのぐ勢いであった。にもかかわらず、なぜＥＵは東アジアのモデルになりえないと考えられたのか。東アジアの政策担当者の多くは、この点について次のようなディスコースを共有している。

東アジアの市場統合は、欧州のごとく戦争の再発防止のためのものでも、統合を政治的に意図した結果でもなく、主にマーケット・メカニズムを通じて「自生的」に達成されたものと見られる。そのような誕生の経緯を踏まえると、東アジアのゴールは政治統合であるはずもなく、それはむしろ政治的思惑が自生的な統合プロセスを阻害しないような市場の脱政治化である。しかもそれは、ＥＵのような政治的意思や制度化によってではなく、自由貿易協定（ＦＴＡ）、経済連携協定（ＥＰＡ）の機能的かつ多角的な枠組みの整備、それらを中心としたマルチレベル・ガヴァナンスによって達成されるだろう。

実際に、冷戦終焉後のグローバル化や経済・金融危機への対応において、東アジアはＥＵとは別な道を辿ってきた。すなわちＥＵは、域内自由市場を整備し、また、他地域との競争に臨んで不安定要因を減らすために、域内の為替レートの安定が必要であった。その結果として、金融統合というマキシマリストの解決策を採用したのであり、いまでは財政統合さえアジェンダの一つになっている。しかしＡＳＥＡＮ＋３の指導者たちは、「規模の経済」の魅力や、さらにトランザクションコストの軽減、域内格差の是正、域内農業の保護などの必要性を、欧州各国ほど感じていなかった。

もとよりEUは、統合を牽引し、紛争を解決する超国家的組織を樹立し、さらに為替レートの安定を予防的に行うEMSを設立し、EMUに進んだ。しかるに日中韓とASEANの政策担当者は、一九九七年の危機以降、「危機の再発を防ぐための最低限の仕組みを作る」というミニマリストの解決策を選択したのであり、より正確にいうとマキシマリストの解決策を退けたのである。政治統合の不要性を説くため、カナダがアメリカに対し、スイスがドイツに対して行ったような「経済主権の喪失を伴わない高度な経済統合」が、ASEANでは貿易協定や通貨介入によって可能であるとする見方も語られていた。(21)

くわえて、政治と安全保障の対立が経済の足枷となる東アジア（日中韓とASEAN諸国）では、政治的な対話や交渉が逆に経済的なスピル・オーヴァー効果を減殺するのではないか、という恐れさえ感じ取られた。このことが、EU型の統合を「めざしたくなかった理由」の一つになったと言い得るだろう。逆から見ると、東アジアにおいては、スピル・オーヴァーが政治に及ぶことを「期待し」、経済関係の緊密化をはかる以上の策は外交日程に上らない。アジア版の機能主義者は、経済の域内循環構造がやがて win-win 関係をもたらし、歩み寄りがもっとも難しいとされる安全保障や領土問題にもプラスに働くことを欧州のリーダーたち以上に待望している。したがって、EUをいわばスピル・オーヴァーが政治的融和を促進するような共同体と解釈して、そのかぎりでEUにならうことを推奨するのである。

日本にとっても、このような考え方は短期的な国家戦略とよく合致するかもしれない。というのも、東アジアで政治的な含みを持つ統合や、価値観の地域連合を目指す場合には、歴史問題、あるいは日米の軍事的ないし経済的な同盟との整合性の問題が立ちはだかるからである。しかし、自生的な統合であれば、あるいはARF（ASEAN地域フォーラム）のような開かれた政治・安全保障のフォーラムであれば、アメリカもこれに加わることが容易で、東アジア統合と日米関係を両立させることができる。

実際に、東アジアの市場統合は、政治的スピル・オーヴァーを生むことはなかったが、アジア太平洋に向かって地理的スピル・オーヴァー効果を生み出すことには成功している。そこで、東アジアに限定しないで北米、太平洋の他地域を巻き込むような、場合によっては南アジアにも開かれたネットワーク型の統合が、日本にとって現実的なロードマップとなったのである。そこには、中国との対峙という懸念と、安全保障上の配慮が付け加わっていたこともいうまでもない。

(2) 政治的意思とハイ・ポリティックスの問題

しかしながら、政治的意思の力を借りることなしに地域協力の深化が可能と考えるような経済決定論には、異論が提起されている。ロンドン大学のヤフダの観察によれば、

中国と日本の緊密なかつ相当の経済的相互依存にもかかわらず、それに対応するスピル・オーヴァ

—効果が、社会、知的交流、安全保障面での両国関係において生まれてこない[22]。

ヤフダはその要因として、経済・金融交流の目覚ましい拡大が、「互いの紐帯を政治的に強化しようというスタンスを持つ政治家や民間人」の台頭に結びついていない点を指摘している。言い換えると、EUとは異なり、東アジアでは市場統合への政治サポートも大衆サポートも湧き起こらず、J・ラギーのいう多国間ガヴァナンスの国家横断的な公共空間への埋め込み（embeddedment）が、行われることもない[23]。

目下のところ東アジアで、ハイ・ポリティックスやミドル・ポリティックスが国家横断的な市場統合と両立する（阻害しない）のは、安全保障問題、歴史問題などの複雑な議論が「表に出てこない時期」のみに限られる。逆説的ながら、政策担当者が政治的議論を忌避するがゆえに、EUで見られたような共同体議論の「脱政治化」ないし「メタ政治化」がいつまでも起こらないのである。

政治的な関係強化が日程に上らない背景として、国家主権に対する東アジア特有の考え方の介在を見逃すことができないだろう。とくに次のような中国のスタンスをみると、東アジアの最大国家である中国が主権をゼロサムないしall or nothing的に捉え、すべて領土や国民アイデンティティの保全に還元していることがよくわかる。

近年の中日関係における波乱を振り返ると、釣魚島問題にせよ、歴史や靖国神社の問題にせよ、中国が引き起こしたものは一つもありません。中国が関連の措置をとったのはすべて、領土主権や民族感情が損なわれたことに対するしかるべき反応だったのです。[24]

日本もまた、この中国の姿勢に引き摺られ、やはり主権を領土、一体性と絡めて論ずることを強いられる。かくして、日本の対外的主権ディスコースの大半は、「領土主権の回復」、「領土的一体性の保持」、そして「中国の一方的な現状変更の目論見に対する防衛」を巡るものとなる。[25]

主権を領土問題とは別の観点から考えることができず、もっぱらそれを「護る」という視点に立つことを余儀なくされる要因には、さらに東アジア全体として、それを機能的に、あるいは影響の相互行使として考えることができないことの背景には、主権と正当性の問題が横たわっているのだろう。

たとえば、日本や台湾を除く東アジア、ＡＳＥＡＮの権威主義諸国や制限的デモクラシー諸国は、主権の正当性を、欧州のようなデモクラシーや自由選挙によるよりむしろ、経済成長、民族共存の達成などの国民に対する「成果」によって獲得し、維持してきた。逆に言うと、正当性は、それだけ景気や治安などの政策の成果に多く依存し、その正当性をもたらす方法としては、より「一国ケインズ主義」に依存せざるを得なかった。

ひとたび、経済危機、治安の不安定、政情の不安、少数民族の異議申し立てなど、国内のガヴァナンスに問題が発生すると、正当性の不足が政府の命取りになりかねない。正当性が充分な民主的基礎付けを持たず、そのことへの懸念から近隣国からの「政治的影響力」を被ることを恐れ、それればかりか、外国からの影響力行使を、体制維持に対する脅威とも捉えている。

かりにＥＭＵと類似の制度、安定成長協定と同じメカニズムをアジアにおいて構想すれば、グローバル化で失いかけている経済決定権限、つまりマクロ経済についての主権のみならず、経済が政治権力と切り離されることにより対内的な政治主権も低下して、政情不安や正当性の欠如へと導かれる恐れがある。(26)

したがって、国家拘束的なレジーム構築や超国家的な機関設立の提案がなされても、各国は、国外からの政治的影響力の行使と、国内政治体制の変化や脆弱化を危惧するあまり、消極的な応答に終始するのだと推測できる。日本が提案したアジア通貨基金の挫折、チェンマイ・イニシアティヴにおける政府間コミュニケーションの行き違い、アジアの地域内多国間サーベイランス・プログラムの遅滞にも、政治と経済を分化しようにもできないという背景を読み取ることができた。

このように対比していくと、同じ「主権喪失への恐れ」とはいっても、ＥＵとアジアではその位相が異なる点が明らかとなる。すなわち、強い国家を国内で築き上げていたＥＵ構成国の国民が内外における自己決定権の低下を恐れるのに対して、日本を除く東アジア各国の政府は、ＡＳＥＡＮ諸国のそれをも含め、統合にさいして主権の議論に触れることが対内的な主権機能の脆弱化を招き、政治が好調な経済にまで影を落とすことを恐れているのである。裏返していうと、「主権を委譲する共同体」という東アジアのＥＵについての捉え方は、東アジア各国の「政治的な自信のなさ」の投影であることは否めない。その意味で、東アジア政策担当によるＥＵの見方や意義づけそのものが、アジアの問題点の「写し絵」であり、いやむしろ政治・外交面での関係改善の不作為を正当化する口実になっている。

欧州統合を見るかぎり、リベラルな政府間主義者の見解を借りるまでもなく、ＥＵはさまざまな工夫が奏功して、構成各国の対内的な主権の低下を引き起こすものとはみなされなかった。先程来見てきたように、むしろＥＵがグローバル化の過程で低下していた主権の権能を発展的に組み替えたと解釈する人々も多くいることは、ここで再度強調されねばならない。

単一欧州議定書やマーストリヒト条約、ＥＭＵの樹立が主権の運用を拘束するようになったことに疑いはないが、個々人が国家（リベラルなそれであれば）に身を置くことで自由や自己決定権を奪われるわけではないのと同様、これまでのところ、構成国の自由や自己決定の主要部分が奪われたと判断するに足る証拠は提出されていない。したがって、ＥＵの特徴を「主権の譲渡や喪失」と解釈すること自体が、一部の人々による、かなり一定方向に踏み込んだＥＵ解釈なのである。

4　統合による主権の強化？

グローバル化と地域統合の進展という今日的な状況のなかで「主権」を語る際には、単に「護る」という防衛的な姿勢からではなく、主権行使の環境、過程、制約、目的などの機能的な側面からも論ずる必要があるだろう。ＥＵにおいては、各国の経済主権ならびに安全保障主権は、欧州という「より広域レベル」での集団決定権の創設と、そこへの主体的参与によって、それまでとは違った形での運用が可能になった。

翻って考えたとき、アジアでも、グローバル化、世界市場化による主権の機能低下が確実に起こっている。このグローバル化の攻勢に対し一国で主権機能を「護る」ことは、右翼や民族主義者のディスコースとしては成り立っても、およそ現実的ではありえない。しかしながら、東アジア各国はASEAN加盟の一部国家を除き、一国家で主権を取り戻そうともがいているように思われる。

とくに欧州にはないタイプの国家、かつて位階的な華夷秩序の中心にいた国家である中国は、国内の政情不安という要因もあり、伝統的な意味での主権を梃子にして、他国に対しパワー・プロジェクションを行い、一国でグローバル・パワーを達成しようとしている。その結果、地域全体の脅威と捉えられ、資源、金融、安全保障などの面で他国との軋轢を生んでしまう。この中国と対抗する必要もあってか、各国も伝統的な主権の保守に拘泥せざるを得なくなっている。

このような連鎖を断ち切る第一歩は、外交的不作為の口実である「主権の相互尊重」という呪文から解き放たれて、まず「相互に主権の実質を強化し合うような」協調へ進む可能性を欧州統合に見ることではあるまいか。そのことによって、自身の拠って立つ主権の「概念」を「揺さぶる」ことではなかろうか。(国際)政治哲学の任務も、そこにあるといえる。

すなわち、EUを地域協力もしくはそのための超国家的機関の樹立によって地域における経済・金融・通貨の決定権の再編を達成し、なおグローバル・プレーヤー、グローバル規範制定力として他地域への発言権を強化した統合体と捉え、なお、そのことが順に、構成各国の経済的なパフォーマンスを改善し、対内主権の回復にも役立った、と解釈する。それが思想的な「揺さぶり」の具体的な内容である。

実際に、安全保障の面からいうと、「脅威ディスコースの共依存関係」で膨大な安全保障コストを払い続ける日中を尻目に、ＥＵという「非戦共同体」の成立によって対ドイツ防衛への配慮の必要も、そこに予算を割く必要もなくなったフランスは、世界的な経済的、技術的、規範的な影響力の行使という点において、より多くの戦略マージンを得て、外交主権や安全保障主権を発展的に組み替えている。このことは、もし統合というプロジェクトが失敗に終わり、相互的な脅威を抱き続けていたら、独仏が世界的な影響力を殺がれ続け、なお経済・金融に関する決定権がグローバル・マーケット・パワーにシフトしていたかもしれないことを考えると、いっそう明確になるであろう。

いずれにしても、今日、われわれが主権を論ずる際には、「喪失か保持か」という二分法ないしall or nothing的な思考と決別する必要があるだろう。ＥＵ統合が訴えかけている主権についての教訓とは、まさしくその点なのである。

注

（１）筆者は折に触れて、主に欧州の主権概念と、主権の誕生、発展、変容を論じてきた。以下の論考を併せて参照されたい。押村「近代合理性の象徴としての主権」「主権への挑戦」『国家のパラドクス――ナショナルなものの再考』（法政大学出版局、二〇一三年）所収。「国家主権」押村編『政治概念の歴史的展開 第七巻』（晃洋書房、二〇一五年）所収。

（2）ドイツで副首相や外相を務めたフィッシャーは、以下の講演において、主権が分割可能であるとの立場を表明していた。Speech by Joschka Fischer on the ultimate objective of European integration (Berlin, 12 May 2000), https://www.cvce.eu/content/publication/2005/1/14/4cd02fa7-d9d0-4cd2-91c9-2746a3297773/publishable_en.pdf

（3）Hague Congress, Political Resolution, 1948. http://www.europeanmovement.eu/fileadmin/files_emi/oldsite-downloads/downloads_pub/Political_Resolution_1948.doc

（4）モネ、一九五二年八月一〇日のルクセンブルグでの演説、遠藤乾編『原典ヨーロッパ統合史――資料と解説』（名古屋大学出版会、二〇〇八年）。

（5）Margaret Thatcher, 'The Babel Express: Relations with the European Community, 1987–1990', cited in Ronald Tiersky (ed), *Euroskepticism: A Reader*, (Lanham: Rowmann & Littlefiele Publishers Inc, 2001), p.89.

（6）欧州議会議員有志、二〇〇五年。遠藤編、前掲書、六九九頁。

（7）European Commission, *The European Constitution: Post-Referendum Survey in the Netherlands*, 2005, p.15.

（8）Stanley Hoffmann, 'Two French Changes', Anand Menon and Vincent Wright (eds), *From the Nation State to Europe?* (Oxford: Oxford University Press, 2001), p.64.

（9）European Commission, Directorate-General for Communication, How the European Union works: Your guide to the EU institutions (Manuscript completed in July 2007) http://ec.europa.eu/publications/booklets/eu_glance/68/en.doc

（10）Duncan Watts and Colin Pilkington, *Britain in the Europe Union Today* (Manchester: Manchester University Press, 2005), p.115.

（11）Derek John Scott, *Off Whitehall: A View from Downing Street by Tony Blair's Advisor* (London: I. B. Tauris, 2004), p.81.

（12） Watts and Pilkington, *op.cit.*, p.115

（13） Arne Niemann and Philippe C. Schmitter, 'Neofunctionalism', in Antje Wiener and Thomas Diez (eds), *European Integration Theory* (Oxford: Oxford University Press, 2009), p.45.

（14） Dimitris N. Chryssouchoou, *Theorizing European Integration* (Sage Publications, 2001), p.20.

（15） Ibid., p.81.

（16） S. Milward, *The European Rescue of the Nation State* (Berkeley, CA: California University Press, 1992). 一九九〇年代には、「ＥＵへの関与がイギリスの主権をより強化する」といった視点が、イギリスでも頻繁に語られていた。 Paul Taylor, 'British Sovereignty and the European Community: What is at Risk?', *Millennium* Vol.20, No.1, 1991, pp.79–80.

（17） Raffaele Bifulco and Alessandro Nato, *The Concept of Sovereignty in the EU: Past, Present, and the Future*, pp.43–53. https://ec.europa.eu/research/participants/documents/downloadPublic?documentIds=080166e5ceba74f0&appId=PPGMS

（18） Ibid., p.86.

（19） Michael Newman, *Democracy, Sovereignty, and the European Union* (London: Hurst, 1996), pp.5–8.

（20） John Hoffman, *Sovereignty* (Buckingham: Open University Press, 1998), pp.12–15.

（21） Tamim Bayoumi and Paolo Mauro, IMF Working Paper: Stability of ASEAN for a Regional Currency Arrangement, 1999, p.13.

（22） Michael Yahuda, 'The Limits of Economic Interdependence: Sino-Japanese Relations', at: http://www.isanet.org/archive/yahuda (accessed 25 May 2006), p. 11.

（23） John Gerard Ruggie, 'Reconstructing the global public domain: issues, actors,and practices', in *European Journal of International Relations*, Vol.10, No.4, pp.519.

（24） 二〇一五年六月二六日の程永華大使の「中国政経懇談会」における講演。 http://jp.china-embassy.gov.cn/jpn/zrgxx/rbsg/201506/t20150626_10429356.htm

（25）背景にある日本の公式な主権理解とは、防衛白書（令和五年版）に示されている通り、「国際法上、国家はその領空に対して完全かつ排他的な主権を有している」にもかかわらず、周辺諸国は、領土、領空、領海などにおいて、「主権を侵害する行為を行っている」という物理的レベルの安全保障リスクの認識である。こういった理解に基づく日本政府の公式ディスコースや演説においては、安全保障政策を「自ら決する」という意味での主権については、まったく言及されていない。これは、日米同盟（主権の相互尊重が謳われてはいるが）が日本を「半主権」の状態においている、という議論がいわゆる左翼のみでなくアカデミアの間でもなされているのとは対照的である。たとえば猪口孝は日米同盟を「覇権国家と半主権国家」の関係と性格付けていた。猪口『現代日本政治の基層』（ＮＴＴ出版、二〇〇二年）、二二二頁。

（26）James Angresano, ‘ASEAN+3: IS An Economic Community in Their Future’, in Michael G. Plummer and Erik Jones (eds), *International Economic Integration in Asia*, (New Jersey: World Scientific, 2006), p.127.

第８章　コスモポリタニズムの現実性

——グローバル化を背景に

はじめに

本章の目的は、近年のグローバル社会における構造的変化が、コスモポリタンの描いてきた理想と合致するかどうか、また、かれらの推奨する方向へ進んできたかどうかを吟味することにある。さらに、グローバル化というコンテクストに置かれたとき、コミュニタリアン、反カント主義者、文化相対主義者、デモクラート、リベラルなどによる批判に対して、われわれがどこまでコスモポリタニズムを擁護することができるかを考察することにある。

第二次大戦後の国際関係の進展、とくに二〇世紀後半に加速されたグローバル化と、地球的諸問題に対処するため生み出された政策や制度は、コスモポリタン自身がその推進に寄与したかどうかはさておき、コスモポリタンや理想主義者が提案した仕組みのいくつかを定着させた。地球環境問題を解決するための国家横断的なルール、金融危機を回避するための地球的ガヴァナンス、人道的危機のさいの連帯的行動、国際刑事裁判所の設立、貧困国を援助するための国際的な枠組み、市民やメディアが組織する国際討議のための公共圏、これらはまさしく、コスモポリタン思想が意図したものでもあった。

さらに、J・ラギーが指摘したように、一九九〇年代より、国家間の関係である「国際関係」とは異なる、諸個人、諸団体、諸機関による「グローバル関係」が稼働を始め、国際的空間より外延の広いグローバルな公共領域と呼べるものが出現した。開放的なグローバル・ガヴァナンスには、トランスナショナルな企業、市民社会、社会運動体が参入し、かれらはグローバルな規則の作成にも関与するようになっていた(1)。

くわえて前章でみた通り、各地域にデモクラシーが増加し、EU加盟諸国のごとく、民主的に選出された諸政府がその正当性を梃子に地域統合を推進できるようになったことも、リアリストの分析ではなくむしろ「自由な諸国家の連合」を唱えたカント主義やコスモポリタニズムの予測が現実的だった証拠とみることができる。その意味で、グローバル化された世界は、コスモポリタン思想が差し示した方向に進んでいる。

しかしその反面で、現下の経済・金融中心のグローバル化は、コスモポリタンがもたらそうとした地球的一体感を損なうような亀裂、格差、分断を生み、国民意識、民族意識を覚醒させ、宗教対立、文化摩擦を激化させている。さらに、グローバルな経済、貿易、金融の諸問題に対処すべく生まれたガヴァナンス、あるいはその音頭をとるべき国際機関や国際組織が、地球的な公共善よりも先進諸国やその企業の利益を代弁しているとみられることがあるのは、グローバルな体制がコスモポリタニズムとは反する要素を持っていることの証拠である。

U・ベックは市場のグローバル化とコスモポリタン・ヴィジョンとの乖離について、以下のように記していた。

　世界のすみからすみまで世界市場に統合されるにおよんで、たしかにひとつの世界が成立する。しかし、それは、多様性に開かれた相互関係を承認するものではない。つまり、多元主義的でコスモポリタンな自己の像や他者の像を承認するものではない。(2)

たとえば、自らをグローバル弱者と位置付けるグローバル・サウスの人々ならば、グローバル・ノースの強者や富者を同じ地球上の同朋とみなすことができずにいて、現下の国際政治経済体制を「自らのもの」と認識する機会も少ない。逆にかれらは、その苦境について先進国やその企業、国際機関に責任があると考え始めている。それればかりか、かれらの中には、コスモポリタニズムがお金持ち、自由化論者という強者の論理に従っていると捉え、コスモポリタン思想を、グローバリズムと並んで克服すべき何かだと考える者さえいる。(3)

そこで本章では、グローバル社会に生まれたどのような変化が、コスモポリタン思想の目指す方向と合致するのか、あるいはコスモポリタン思想からの逸脱なのかを考察したい。併せて、対抗思想が浴びせる批判に対して、コスモポリタン思想を擁護しつつ、コスモポリタンがより自由で公正なグローバル社会を構想するためのヒントを提供し得るかどうかを、検討してみたい。

コスモポリタニズムは多義語であり、全地球的な正義の存在を確信する倫理思想、全人類の法共同体を視野に収める制度構想、あるいは故郷のみに執着しないよう努める世界観、そして人類を主語で語るような哲学的態度などを含む(4)。ここでは、道徳の普遍化を追究するグローバル倫理思想、他者に対する眼差しやホスピタリティー、包摂性の重要性を強調する哲学的態度などを中心に、その論理が今日、妥当性と現実性を有するかどうか考えてみたい。

1　コミュニタリアンに対する擁護

コスモポリタンと、かれらの説く普遍的道徳に向けられる批判のうち有力なものは、コミュニタリアンによる反論である(5)。コミュニタリアンの解釈で、道徳は人類や世界市民という自覚を持つ個人に発するものではなく、個人の理性的同意に由来するものでもない。むしろ共同体の中で受け継がれてきた伝統やしきたりを守ることが、善き行いとされる。また道徳が、各個人に対して世界市民の義務を遂行するよう促すわけでもない。それは伝統的な価値観、共同体への忠誠、同胞に対する義務を優先するよう命ずる。

グローバル化によって共和的な空間が侵食され、集団内の文化的な求心力が弱まっているとすれば、それはコスモポリタンやカント主義者のような、普遍性を身に纏った道徳を浸透させようという、誤った考え方を持つ人々がいたためである。さらに、道徳が生活世界で実践される点でのみ価値を持つところ、また集合行為の枠組みに領域的な境界があり、移動やコミュニケーションの範囲にも物理的な限界が存在するからには、実生活を共にできる集団の人数には上限がある。その集団の数に含まれない人間とは、道徳的な関係を築くことが難しい。

近代におけるアンチ・コスモポリタンの祖といわれるヘーゲルは、あたかも有機体に個体と個体を隔てる明確な輪郭があるように、民族共同体にも実体としての境界が存在し、その内部でのみ血の通った道徳が実践されると考えた。民族共同体的な思想からすれば、有機体（政治体）の輪郭は、それがまさに外に向かって個別（他者）であることにより、内に向かった普遍が担保される。ヘーゲルにとってこのような共同体の道徳は、相互に個別として対立し合う「国家」という場を与えられたときにのみ、善き生を導くことができる。

国家という倫理的実体は、おのれの現存在すなわちおのれの権利を、抽象的な在り方においてではなく具体的な在り方において直接もっているということ、そして道徳的命令とみなされる多くの普遍的思想のうちの一つではなく、権利のこの具体的な在り方だけが倫理的実体の行動やふるまい方の原

理たりうる、ということである。(6)

この倫理的共同体としての国家という発想は、現在でも、D・ミラー、Ch・テイラー、M・ウォルツァー、M・フロスト、D・シュナペールなどのコミュニタリアンが、人類を道徳的統一体と考えがちなコスモポリタンを批判するための着想を与えている。共同体間の対立をアイデンティティの問題として捉え直したD・シュナペールが、ヘーゲルの論法を用いて、コスモポリタンを以下のように批判している。

ある集団への帰属は、つねに他者と対立することをつうじて明確になったのである。人類への帰属という意識は、どのように他者と対立しうるのだろうか。人類への帰属という理念は、どのような主観的意味をもちうるのだろうか。(7)

こうしてコミュニタリアンは、現行の国家や国境こそ共同体道徳が実践される最良の空間である、という確信へ導かれる。というのも、人類ではなく共同体や国家であれば、成員がその道徳を「われわれの道徳」と考え、政府は法律や道徳の執行を見守ることができ、その権利に対しては外国からも尊重が払われるからである。

コミュニタリアンの主張をこのように要約した場合、外来文化やグローバル文化の持つ共同体道徳の形骸化作用や希薄化作用にコミュニタリアンが恐れを抱く理由がわかるし、また文化的転回といわれるほど民族、歴史、伝統、文化のアイデンティティが見直されているこの時代に、コミュニタリアンの説が幅広い支持を得ている理由にも納得が行く。むしろ相対化、多様化、地域化が良しとされるこの世界で、カントのごとく普遍的な道徳を地域的な道徳より優れたものとして唱導することは、コスモポリタンによっても躊躇われるかもしれない。

とはいえコスモポリタニズムも、共同体道徳の軽視に対して異議を申し立てなかったわけではない。ここでは、カントがコスモポリタン権を友好のみに限定した点を思い起こすべきであろう。カント的なコスモポリタンは、自発的でない道徳の更新には反対の立場を採る。そのためにカントは、西欧列強が先住民の同意なしに「未開の人間を開化する」ことや、「堕落した人間を矯正する」ことを禁じている。(8) コスモポリタンのこの側面を強調すると、今日ローカルな共同体を脅かしているのはコスモポリタニズムではなく、文化や道徳について充分な認識を持たない経済グローバル化の思想であると考えることもできる。

とはいえ、共同体道徳の尊重という点でコミュニタリアンに同意するコスモポリタンも、「普遍的な道徳、ないし人類の道徳という考え方が誤りである」とまでいう、M・ウォルツァーをはじめとする現代のコミュニタリアン、ならびにR・ローティーを代表とする反基礎付け主義者をも、支持することはできないだろう。(9) そもそも、承認を要求し得るさまざまな共同体であるところの国家、少数民族、エスニシティ集団の下で暮らす人々が、領土を保持し、価値観を同じくする同胞に囲まれた方が道徳を善く実践できる、というコミュニタリアンの説は、市民同士が国境を超えてネットワークを築き、さらに相互に道徳的な批判を交わし、集団道徳が間共同体的な影響の下に形成されるこの時代にも有効だろうか。

この問題を考えるさいには、実際の共同体道徳の有り様を地域横断的に比較検討してみることが手掛かりとなるだろう。なるほど、成員のほとんどが道徳を因習と等視して、なお集団への忠誠を弱めるような外来思想の混入を歓迎しないが、それでも内部に道徳的向上の契機を宿し、規律や秩序の見本となる共同体を築いた地域がある。とはいえこの世界には、道徳的に閉じているために、（たとえば、人間の尊厳を踏みにじるという意味で）誤ったしきたりを「守るべき掟」として定着させている共同体が無数に存在することもわかる。あるいは、共有された道徳が、実際には権力ゲームを制した多数派によって強制されたものに過ぎず、またそれが多数派への同化圧力によって維持されている場合もある。

歴史的には人食、人身御供、首狩りの文化がそれに相当するだろうし、現在ではアフリカの一部で行われている性器切除（FGM）、イスラーム諸国の一夫多妻がそれに該当し、なお縁故主義や父権的な文化、差別を含んだ文化の例にも事欠かない。文化に対して相対主義の立場を採るコミュニタリアンでさえ、それらの道徳文化に「対等な文化」として承認を与えることを躊躇うに違いない。

このようにみてゆくと、コミュニタリアニズムの、共同体道徳こそ人々が善く生きることを可能にし、同じ道徳に服する人々による自己決定こそが重要性を持つ、といういわば理想論は、現存の政府の少なからぬ者がこの論理を人権無視の文化、暴力的な文化、権威主義的な文化の保全のために、また、それに対する国外からの批判を遮断するために用いてきたという現実から、目を背けがちであった。それゆえ、グローバルな視点からみた場合、コミュニタリアニズムの論法は、地理的、時代的に限られた射程を持つものに過ぎないともいえる。

それでは、このような非道徳、不道徳な共同体の発生や、その改良について、コスモポリタンはどう考えるのか。Ch・ベイツの言を借りれば、コスモポリタンは、道徳が自己完結するということ、また批判に応答できないことがあってはならないと説く。その意味で、諸国家内の出来事が、外部からの道義的精査を免れることがあってはならない、とも考える。[10] 外部からの精査とはすなわち、カントのいう普遍化要求を意味し、個別の道徳を脱するような何らかの契機を想定している。

カントが示唆するように、もし国民共同体が modus vivendi であり、人類がより相応しい道義的共同体を模索すべきであるならば、一共同体が他の共同体と交わす道義的批判と、間共同体的な倫理の形成、そのプロセスの中で生まれる普遍的（人類的）な道徳への参照（その発見ではない）が、より道義的な共同体形成の重要なステップとなるだろう。これなしでは、たとえその共同体内部に活発な討議があったとしても、人間に相応しい自由や秩序を獲得することも、他国と規律的な関係に立つことも難しい。

この問題を考えるさいにコスモポリタンは、古典古代に遡る道徳論争を手掛かりにしている。たとえば、伝統や因習を頑なに守り、それらを次世代に伝えようとする市民、またそれらに対して無批判に生きる市民を、プラトンによって描かれたソクラテスは普遍的個人の立場から疑った。ソクラテスを、伝統や因習とは異なった教育法を採用し、若者に対して有害な思想を伝授する「危険なソフィスト」、として描いたアリストパネス（Aristophanes）に対して、ソクラテス自身は魂の探求や「吟味された生活」（examined life）の重要性を訴えてゆく。(11) すなわち、共同体の価値観を体現すること以上に、それが「人間の追求すべきもの」に適っているかどうかを批判的に吟味することが、より道徳に適う行いとされた。この反省的契機こそコスモポリタニズムのモーメントの一つを成すものである。

このソクラテスの行動を、現代の倫理学者M・ヌスバウムは、人間中心主義ないし人間的価値によって伝統主義やポリス中心主義に挑むこころみだったと解釈している。(12) われわれはその意味を、ピュシスとノモスの二分法の中で、ピュシスのみを永遠な何かと捉える理論家ソフィストに対して、ノモスの背後に何らかの永遠性を突き止めようとした（プラトンによって描かれた）哲学者ソクラテスの努力を思い起こすとき、完全に理解することができるだろう。

省察や批判の重要性は、伝統や習慣に留まらず、それらの具象化とされてきた法律についても当てはまる。コミュニタリアンが、慣習や法律の遵守を市民の第一の美徳と考えがちなのに対して、ストア派の影響を強く受けたキケロはこう反論している。国民の習慣や法によって定められていることを、すべて正しいとするのは愚かである。なぜならば、「おきては人間の頭で考え出されたものでもなければ、国民の勝手な決議でもなくて、命令および禁止という形で現れる知恵によって、全世界を支配する永遠的ななにか」だからだ。(13)

コスモポリタンにとって、人間は一つの人類道徳をともに実践しようとして、個別集団を越えて引き合う。しかるに、国境という区画の中で、それぞれが異なる道徳や正義を唯一正しいものと考えて受け継ぐという状態は、理性的存在に相応しい道徳に達する途を閉ざし、さらに、そのような道徳を指し示すことのできるソクラテスのような哲学者を圧殺することに等しい。さらにコミュニタリアンの道徳の捉え方は、実際に道徳が歴史的にみて、間国民的な影響行使の結果として発展してきたという事実にも反する。

ここで問題となるのは、由来からしてそのほとんどが偶然の所産であるような地域的な差異や個別性を、集団がアイデンティティとして取り込み、さらに国家が権威として固定することによって起こる社会や道徳の停滞である。コスモポリタンによると、この停滞は、本来普遍的な条件のもとに生きる人間が、慣習、宗教、教育、制度の助けを借りて地域アイデンティティを神聖化し、さらに、伝統という名の下でほぼすべての習慣を批判から免責することによりもたらされる。したがって、ひとたび普遍的な基準に従ってそれらをテストし、相対視することができるならば、集団にはかならず道徳について再吟味する者が現われ、それればかりでなく、異なった集団の中にいる人間同士も普遍的通約項を介して引き合うようになる。これもまた、コスモポリタンの思想の核心を成す考え方である。

A・マアルーフが、伝統は「敬意に値する場合にのみ尊重に値する」と述べ、このことを、普遍（人間の尊厳）に照らして伝統の吟味を行う義務として論じている。

どんな人々も、どんな教養も、その歴史のある時点で、心性が進化していくうちに人間の尊厳と両立しないふるまいをうみだす。どこであっても、そうしたふるまいを抹消線を引くようにして消すことはできない。しかしだからといって、それを告発したり、それがなくなるよう行動したりする必要がない、ということにはならない(14)。

もとより、コスモポリタンにとって価値の源泉は、伝統を共にする集団のみではなく、むしろそれに懐疑の目を向けることのできる個人の道徳的反省に存する。しかるに、ナショナリストや国家中心主義者の多くは、集団としての国家の価値が個人の価値を上回るような論理を展開してきた。けれども、コスモポリタンのみるところ、かれらのいう集団道徳の中には、一個人あるいは一階層が、国家的公共の名において道徳を確定する権限をたまたま獲得した結果、さらに個々人が、その道徳に従わされるという構造が長年にわたって維持された結果、生み出されたものも少なくない。

もっとも、国民国家内で道徳を完結させることに反対するコスモポリタンとはいえ、現存の国家共同体の廃棄を提案する者はほとんどいない。それは、かれらが国家を賛美しているからではなく、国家を目的論的な到達点とは違った、道徳形成の通過点として理解しているからである。その意味で、コスモポリタンが批判の対象とするのは、国家それ自体ではなく、国家を誤って終局的な道徳空間の一つとして位置付けるステイト・コミュニタリアンなのであった。

近代において、コスモポリタンのこの方針を明確に述べたのは、いうまでもなくカントであろう。かれは「すべての人との共同体をこころみる、その目的で地球のあらゆる場所を訪ねるというコスモポリタンの権利が廃棄されてはならない」と述べて、物心ともに国境を「閉ざすこと」の非道義性(共同体自体の非道徳性ではない)を難じていた[15]。かれによれば、国民国家は仮の共同体であり、人間にはより相応しい道義的共同体を国家を越えて模索する責務が課されている。このことをカントが自信を持って述べた背景には、地表は共有であるべきで、現在の領土や国民という枠組みは普遍的な正当性を誇り得るものではない、というカント独自の主張が横たわっていた。

この国民国家に対する道徳的評価の留保の問題を、I・M・ヤングは現代の文脈で次のように言い換えている。

> 国民国家のメンバーシップは、道徳的見地からすれば、どこか恣意的である。というのも、政治的共同体は、道徳的権利というより権力をめぐる闘争によって偶発的に生まれてきたからである[16]。

いずれにしても、カントに代表されるコスモポリタンは、人類を普遍的な道徳へと誘う重要なモーメントが、地域共同体や国家を超克したり脱構築したりすることでは必ずしもなく、共同体の人々が自由意思と選択によって普遍化要求を国内の討議に組み入れる作業だと考えていた。カントの場合、それを法的ないし制度的なプロセスとして言い換えれば、道義に適った国家間関係の第一段階は、国内において権力分立、公民状態、共和制を、また国外において言論の公共圏、普遍的正しさを伴った法治状態を樹立し、そのもとで各人が道徳的な判断とそれに基づく討議を行うことにより達成される

はずだった。(17)

2　文化相対主義者に対する擁護

コミュニタリアンと類似した内容の批判が、文化相対主義者からコスモポリタンへ浴びせられる。その多くがコミュニタリアンの批判と重なっているが、両者の違いは、コミュニタリアンが共同体に由来する道徳の継承を訴えるのに対し、文化相対主義者は道徳の源泉としての文化や生活様式の保全を唱え、文化的共同体による集団的自己決定を擁護する点にある。そして後者が、普遍的価値の優位を説くコスモポリタンを、文化の多元性を脅かし、文化の自己決定を阻害する要因と捉えている点にある。

文化相対主義者が多様性の破壊者とみなすのは、かつてはカント主義が含む普遍性の主張、また力によって文化的な同化をもくろむ帝国主義、西洋主義や西欧中心主義、さらに冷戦中は、世界の無神論化を企てているように映った国際共産主義運動であった。冷戦終焉後は、広まりつつある「グローバル文化」、さらに物質主義や個人主義を連想させるデモクラシーや人権という理念も批判対象に加わりつつある。同様な批判は、文化の領域に浸透してくる経済合理性の哲学やグローバル・エコノミック・カルチャーにも向けられてゆく。

それらの国家横断的なカルチャーは、「誰かの」ないし「どこかの」価値、理念、文化でしかないものが、人類や普遍を装って地域に侵入してくる、という共通の特徴を持つ。M・ウォルツァーは、存在する価値あるものがローカルなものだけであり、人類という表象に基礎付けられたものが実在の文化や道徳には及び得ないことを、以下のように表現している。

人類には構成員はいても記憶はない。したがって、人類には歴史も文化もないし、慣習的な道徳も、慣れ親しんだ生活様式も、お祭りもなければ、社会的な善をめぐる理解もない。(18)

はたしてこれらの批判は、コスモポリタニズムにも妥当するだろうか。

なるほどカントは、文明国家を「法の諸法則のもとにおける一群の人間の結合」とみて、さらに「未開人も民族をなしてはいるが、国家を形成してはいない」などと述べ、西洋文明のみがある種の普遍的要素を持つと同時に、普遍的なものがローカルなものより優れている点を強調した。さらには、「国際法の名のもとに考察すべきなのは、互いに関係しあう諸国家の法である」などと述べて、国際法ないし国際社会に加わるべき共同体の資格を、法治国＝文明国に限定している。(19)

一方、文化相対主義者は、コスモポリタニズムが西洋中心主義の一つであり、普遍を装っているに過ぎないと捉える。かれらはまた、個人主義的な道徳やデモクラティックな価値観の伝播により、西洋化ないしアメリカ化が進むことを警戒している。さらに文化相対主義者は、地域文化を保守するために、国民国家が文化の砦や極を形成すべきこと、政府がその保護を担うべきことを提案している。

グローバル化とともに一九八〇年代に台頭してきたアジア的価値、イスラーム回帰、アフリカの集団開発の権利の主張が、まさしくそのような論理に立脚していた[20]。

普遍化の圧力に抵抗しているのは、非西洋の国々のみではない。グローバル化や欧州統合の波に揉まれたイギリスの文化相対主義者は伝統の政治文化を、栄光、悲惨、勝利、屈辱などの歴史を人々が共有し、なお、価値観の保全に役立つ制度を人々が持つ場合にのみ、維持できると考えた。かれらはまたEUに定着しつつある新しい国家横断的な文化や慣行が、ヨーロッパ大陸の政治文化の表現に過ぎないという意味で、イギリス議会文化とは相容れないと捉え、EUからの独立を後押ししたのである。

欧州統合を推進してきた立法主義という国境横断的なスタンダードによって、イギリスの慣習法文化はテストされ、イギリス・デモクラシーの伝統としての小選挙区制もまた、大陸の比例代表制への部分的な譲歩を余儀なくされていた。EU懐疑派は、これらがイギリス文化を衰退させることを恐れたといえる。かれらはイギリス・議会デモクラシーの誇りが、欧州の政治統合にしろ、グローバル・ガヴァナンスにしろ、国家より上に位する政治機構や政治制度によって傷付けられていると感じたのである[21]。

諸国家を横断する政体を推奨してきたコスモポリタンは、この多様性の破壊という批判に対して、どのように反論するのだろうか。コスモポリタンは、地域文化の廃棄も、諸文化の統合も望んではこなかった。コスモポリタンが克服を目指しているのは、差異や多様性よりもむしろ、自国文化を唯一独自でかつ領土内における誇りの源泉と考える思想、つまりは相対主義の名を借りた自国文化の領土的絶対化である。

もとより、コスモポリタンは、差異を持つ者たちが差異を保全しつつ他者と交流したいという欲求と、歴史的偶然の結果とも言い得る差異を無傷かつ無批判で保全したいという欲求を区別する。かれらはまた、文化の混交が文化の自己決定を損なうとは考えていない。カントが『永遠平和のために』で日本の鎖国文化を肯定的に捉えたのは、文化多様性そのものを保全するためではなく、帝国主義という外部的強制に対して、日本が文化の自発的な選択の保障を持つべきだと考えたからである。このように、コスモポリタンは非自発的な文化変更を批判する。

コスモポリタニズムにとって、普遍化要求が地域文化へ促す変化は、長い時間を掛け、M・モースのいう間社会的な模倣を通じて行われることが前提となっている。[22]その場合には、変化に「選び取る」ないしは「内部化」という側面が付け加わるであろう。たとえば、父権的な文化を持つ国家が、グローバル化の影響のもと内部の討論の赴く形で、結果的に西欧の平等な文化を模倣し、それを自己選択として取り入れ、しかも定着させた事例が多くあることがそれを裏付けている。

たとえば日本の近代以前の道徳文化は位階的（日本的にいえば封建的）であった。しかし明治期の文化的な開放によって流入した西洋のリベラル思想や生活様式の影響のもと、模倣された個人的自由や平等の文化が徐々にそれに代わり、同時に、残虐な刑罰を許容する文化から、比例性をもととする刑罰文化への転換も行われた。これをして異文化による強制であり、日本文化の卓越性が損なわれたとみなす者は少ない。もちろん、転換に負の側面がまったくなかったということも、模倣に対し抵抗がなかったということも、できないだろう。しかし、地域化した普遍的なものの中に地方の痕跡が残存し、そこには単に外来とはみなし得ない、融合の結果としての第三のハイブリッドな文化が生まれた、と考えることもできる。

このことは、西洋の帝国主義文化それ自体についても当てはまる。一九世紀後半、英仏両国の政治や外交は、拡張、植民、統治、強制、搾取などの帝国主義文化によって彩られていた。しかし今日では、国際慣習である内政不干渉、武力不行使、異文化の尊重などを標準として受け入れ、今日国民の多数はそれらの価値を内部化している。国際慣習がいずれかの個別文化に由来する教説であると考える者はいまや少数であり、それどころか英仏の国民のほとんどは、過去の帝国の栄光の記憶を封印する形で、国際規範の担い手さえ自負しているのである。何よりも、それらの国際規範は、非西洋を含む各地域の慣行により承認を得ているという点からして、普遍性を獲得したものとみなされる。

文化相対主義者は、文化の構成要素の一つである諸宗教（一神教）のアイデンティティの閉鎖性と敵対関係を、普遍性の発見や定立が困難な証拠、つまりはコスモポリタニズムがユートピアでしかない証拠として掲げる。これに対してコスモポリタンは、文化や宗教アイデンティティの衝突がむしろ領土政府の政策の相違によって生まれると説明する。たとえば、男性優位の思想や慣習が『コーラン』やイスラーム教に由来するという説には、コスモポリタンはもとより、イスラーム文化に暮らす人々でさえ賛同できないであろう。

それは領土の隅々にまで徹底される国家慣習に由来し、そして、それが受け継がれているという一事をもって国家慣習を合理的かつ正しいものと信ずる思想、に由来があると考えた方がより現実に近い。それがゆえに、イスラーム文化の内部においても、世界の道徳的標準となった「ジェンダー平等」の思想や運動が、国家に抗する形で沸き起こるのである。

3　デモクラートとリベラルに対する擁護

デモクラシーを文字通りに解釈すると、その前提は、統治（cracy）や決定の主体となる「デモス」（demos）という集団の先在である。ここでデモスとは、偶然集まった人々ではなく、長い時間を掛けてweで呼び合える間柄を築いた、社会的アイデンティティを共有する集団を意味している。国民は慣習や伝統が培ったデモス、あるいは問題対処の経験を共有するデモス、すなわちデモクラシーの主体とみなすことができる。

国民デモクラシーのごとく、集合行為を国民の枠で行うメリットとは何か。それは主権を盾に、デモクラティックな価値観を享受する国民が、自らあるいは代表制を通じて決定を行うことである。主権国家を擁護することが各地域のデモクラシーを保全するのに有効だとみなすことで、デモクラートの一部は主権主義者やナショナリストにも接近する。

翻って国際社会をみるに、国家を越えたデモクラシーの主体となるべきデモスと呼び得るものはいまだに存在しない。グローバル・デモスの不在の中では、またそれが将来的に形成される見通しもない中では、国民こそがデモクラシーの実践のための場であり続けるだろう。この点で、地球市民によるコスモポリティックスやグローバル・デモクラシーという概念は、デモクラートにとって空疎かつ混乱をもたらすものに過ぎない。

固定された領土ではなく、むしろ文化や言語の共有をデモクラシーの機能する条件とみなすアンチ・コスモポリタンもいる。デモクラシーの成立する基盤として言語を重視するW・キムリカは、同じ言葉で協業できることが、デモクラシーの機能する条件であるという。なぜならば、エリートが多言語に精通できるとしても、庶民にそれを期待するわけにはいかないからだ。[23] したがって、単一言語で政治的な討議を行うことを平等な立場で政治に参加する条件の一つとみなすことは自然である。いずれにしても、少数文化を含む文化や言語のアイデンティティを軽視していると思われるコスモポリタニズムに対して、デモクラートは懐疑的にならざるを得ない。

さらには、デモクラシーの理念ではなくむしろ過程が、コスモポリタニズムを遠ざける傾向を持ち、両者は国内論争の中でつねに相容れないものになると解釈する人々もいる。デモクラシーが民意を重視すればするほど、コスモポリタニズムから遠ざかるというジレンマは、デモクラシーにおける教育と選挙の矛盾として現れる。多元的なデモクラシー国における教育は、市民が平等でなければならないことに加え、移民や異文化に寛容であるべきことを教える。一方、デモクラシーにおける自由報道は、他国の苦境をも紹介することで遠隔地の人々に対する共感を呼び起こす。

しかしながら、肝心な選挙プロセスでは、国家や地方への貢献を謳ったマニフェストほど、また、ライバルの国際協調派に対して「国内問題軽視」という批判を浴びせるのに成功した候補者ほど、有権者の支持が得やすいという事態が現出する。このような意味では、J・ゴウルドスミスとE・A・ポズナーがいうように、リベラルなデモクラシーにおけるコスモポリタン的行動へのハードルは構造的なものとなる。(24)

実際に、市民の間に、他国人の苦境に共感を抱くようなコスモポリタン的感情が沸き起こったならば、それはただちに、国民デモクラシーを擁護する立場の人々からの反作用を被ることになる。しかも再選を目指す政治家であれば、相手候補より優位に立ちたいがため、国民的結束を唱えるという誘惑に打ち克つことは難しい。

この点に関して、コスモポリタンならどう反論するのか。おそらく、「デモクラシーだからといって、その要素のすべてがコスモポリタン的な方向を目指すわけではない」という命題ならば、それを支持するかもしれない。しかし、デモクラシーの理念自体がアンチ・コスモポリタン的な特性を持っているという考え方は、かれらには首肯し難いだろう。

そもそも、デモクラシーとコスモポリタニズムが両立できないという見解は、デモクラシーの多様化の中で、国連への寄与、他国の紛争解決への貢献、移民の受け入れ、途上国への援助などの国際協調を志向するデモクラート、あるいは、コスモポリタン的なプロジェクトのためにより多くの予算を割くことを訴えるデモクラートと、反対に国際協調派をいわば目の敵にするデモクラートの、両者がいるという事実の意味を説き明かしてはくれない。たとえば、社会民主主義のスウェーデンがコスモポリタンに後ろ向きであるとも、リベラル・デモクラシーのアメリカが、構造的にアンチ・コスモポリタンであるとも言えない。

いずれにしても、政党や市民運動を砦として多様な意見が衝突するのがデモクラシーの特徴であり、政策はその論争と均衡の上に打ち出される。アメリカでウィルソン主義者、国際協調論者、同盟国以外とも関係を深めようとするリーダーが外交を担当するときは、国連との連携、援助の増額、紛争当事国間の和平・仲裁会議の設定など、コスモポリタニズムそのものではなくとも、それと親和性を持つ政策が打ち出される。このウィルソン主義が、アメリカの外交思想の中で少数派や非主流派に過ぎないとは言い切れないだろう。それを考えると、デモクラシーがコスモポリタニズムと相容れないベクトルを持っているかどうかよりも、その時々の国内的論争において、コスモポリタンを優勢にあるいは劣勢に立たせる要因が何かを、突き止める作業が必要である。

ここでは、デモクラシー国において国連重視、国際協調、対外援助の思想が影響を拡大し、政策として打ち出された「後」ほど、国内の状況変化に促されて反対勢力が自国中心主義に傾斜しやすく、さらに政府の対外関与を「失策」として評価しがちで、なお危機時などにおいては有権者がそのような批判に同調しやすい、という点を逸するわけにはいかない。

二〇二三年の下院選挙で、反移民、反EUを唱えて極右のPVVが躍進したオランダは、かつて欧州統合の過程を通じて「模範的なEU市民」といわれていた。[25] さらに、二〇二二年の総選挙で極右が第二党まで躍進したスウェーデンは、二〇二三年のＣＤＩ（世界的な開発への貢献度指数）のランキングで世界一位である（日本は一五位）。

『フランスの自殺』（*Le Suicide Français*）と『フランスの運命』（*Destin Français*）を著し、フランスのトランプとまで言われて極右大統領候補になったＥ・ゼムールは、フランスの衰退の原因を、大革命以降フランスが打ち出した普遍的な思考にあったとして、これを推進したエリートや国際派、ＥＵ統合推進派を批判した。ゼムールによると、学生運動が高揚した一九六八年、ついでフランスの国威発揚のため記念イベントが行われた一九八九年頃から、フランスは自らの歴史を忘却し、世界史におけるフランスの貢献を強調し、人権の推進者というＩＤを強く持つようになった、これが、真のフランスの文化をないがしろにしたという点で誤りだったというのである。(26)

このように、国内問題の優先、対外的関与の打ち切りを要求する政治勢力が昨今台頭している国々を眺めてみると、国内に強力なコスモポリタニズムやヨーロッパ主義の潮流を持っていたり、過去に他国との協力や協調に熱心であった時期を有していたことがわかる。そのような国家ほど、コスモポリタンのイメージが「反転」しやすく、反動としてのアンチ・コスモポリタン的思潮が国民の支持を短期間に拡大しやすいこともわかる。

このことからすると、デモクラシーの理念や本質がアンチ・コスモポリタン的であるというよりは、デモクラシーは、どの体制よりもアンチ・コスモポリタニズムへ自由な意見表明の機会を与えるがゆえに、後者が支持を獲得しやすい環境を作る、もしくはデモクラシーにおける自由な論争の振幅ないしその結果としての政権交代が、国家が継続的にコスモポリタニズムの方向を目指すことにブレーキを掛けている、といった方が適切だろう。

ところで、デモクラートとリベラルは、コスモポリタニズムに対する批判的態度をつねに共有するわけではない。実際に両者はしばしば、集合行為の枠組み、あるいは「誰との平等か」を巡って対立する。一方で、リベラルとコスモポリタンは思想のベクトルを共有できる部分も多い。たとえばリベラルは、コスモポリタンと同じく個人の自由を普遍的な価値の一つと捉えている。リベラルは移動の自由を擁護し、コスモポリタンも国家が訪問権、通行権を妨げないことを要求する。しかしながら、J・ロールズ以降の近年のリベラルには、コミュニタリアンに接近し、アンチ・コスモポリタンと形容してよいものも多い。なぜだろうか。

もとより、リベラルにとって重要な課題の一つは、ルールが遵守される公的な秩序をどのようにしてもたらすかであった。なぜならば、「他者の自由の尊重」というルールが守られない、つまり治安のない空間に個人の自由は確保されないと思われるからである。さらにリベラルは、個人的自由と秩序のバランスが国家権力を介在させなければ保てないことも承知している。そこでリベラルは、国民国家を明示的に擁護するとまではいえないが、その安定を揺さぶるような影響や圧力を遠ざけようとしてきた。

リベラルの一部は、コスモポリタンをして、そのようなリベラルな国家の制度的枠組みを揺さぶる思想とみている。逆にリベラルが既存の国境には異議を申し立てず、また、個人が自由を享受するのに相応しい共同体の枠組みとは何か、をほとんど議論しないところをみると、リベラルは実際上、自由の維持のために既存の国民国家の枠が最良である点を暗示している。

しかも、近年かれらがより現状維持に傾いている理由の一つは、グローバル化が、リベラルな文化を外部から希釈するという恐れを、かれらに抱かせるからである。これらの点についてO・オニールは、「正義の射程範囲が無制限である」と考えてコスモポリタンの主張に親近感を抱くリベラルが、実際には「ネーションと国家の要求に正義を従属させてきた」、と分析している。[27]

たとえば、リベラルが言論の自由、移動の自由、信教の自由、婚姻の自由を普遍的な価値だと認め、これらの権利の普遍的な正当性を導き出したとしよう。この権利を普遍の名に違わぬよう世界各地域の人々に行き渡らせるためには、中東、東アジア、アフリカなどにおける「権利を抑圧している政府」とも対峙する必要があろう。普遍的な正義や価値の実現のためにリベラルが現実的な何かを実践するとすれば、かれらは当該国への圧力、牽制、警告、介入などの干渉や強制的手段に手を染めざるを得ない。

しかしながら、これらは、「意思の内発性」を重視するリベラルの立場とは矛盾をきたす。この矛盾の自覚を強く持っているところが、人道や人権のための干渉や介入について積極的なヴィジョンを持つコスモポリタンとの決定的な相違である。コスモポリタンと同様「正義に適った制度を理想として描くことの多かった」人権擁護者までが、国境の向こう側で行われている権利侵害を批判することへ、ないしそれに対してアクションを起こすことへ消極的になっているゆえんである。[28]

いずれにしてもリベラルは、自由の普遍性を疑わないものの、イリベラルな文化、たとえばイスラームの宗教文化や東アジアの共同体哲学がリベラル化へ容易に馴染まないことも心得ている。したがって、普遍的な権利宣言の作成、国際人道法や人権法の徹底、独裁体制への非難などのためには協力を惜しまないが、他方で、イリベラルな文化が逆に影響を拡大することを警戒して、国家主義者さながらに文化多元性の主張と内政不干渉の原則を貫こうとする。

つまり、リベラルは、グローバル化の中でイリベラルな文化が逆流しないように態勢を整え直し、リベラルの砦として国境や管轄権を再評価する言説へと向かうのである。これこそが、リベラルがコミュニタリアンに接近する理由であった。晩年のロールズが、無条件で現国境を肯定し、万人が同意できる原理から「リベラルで民主的な諸国民」のみが同意できる原理の方へ傾いたのも、近年のリベラルが共通して持つこの傾向のゆえである。

もっとも、オニールも指摘しているように、コミュニタリアン、相対主義者、多元主義者が正しさを確信して「国境の内側の自由」に拘るのに対して、リベラルは「暗黙に、議論することもなく」国民国家を支持するのであった(29)。したがって、リベラルが、リベラルな生き方に相応しい共同体として国民国家を無反省に前提としてきたことの非整合性と、論理内部にある普遍主義と個別主義の緊張をいまより強く意識するならば、この傾向は変化する可能性がある。あるいは、イリベラルからリベラルに移行する文化が実際に増加するに従って、かれらの脅威も取り除かれ、コスモポリタンにいっそう親和的になる可能性もある。その場合は、コスモポリタンになることが、リベラルでなくなることをもはや意味しないだろう。

4　世界国家と世界政府をめぐって

コスモポリタンの構想に曖昧さが残る理由の一つは、「世界国家」ないし中央権威としての「世界政府」に対するかれらの態度の曖昧さである。コスモポリタンには、カントのように世界政府を警戒する流れもあれば、J・マリタン、A・コジェーヴなどのように国家を越える世界的権威が必要であると唱える潮流もある。グローバル化の進展という状況を踏まえたとき、一体どちらがコスモポリタニズムの論理と整合的なのか。あるいは、コスモポリタニズムを唱える者たちは、主張の現実味を失わないためにいずれかの主張へ与する必要があるのか。

この点について一つの参照点となってきたカントは、世界政府を、専制政治にインセンティヴを与える代物として危険視していた。カントの生きた時代に、ルイ王朝の世界君主国の野望などの、その危険を裏付ける事情があったところ、カントは国家を越える組織として「自由な諸国家による連合」より踏み込んだものを提案することがなかった。とくに国境については、帝国主義の策謀を防ぐものとしてそれを尊重しているところをみると、さらに、訪問権、通行権をあえて「友好という目的」に限定しているところをみると、世界政府へのカントの懐疑的態度は一貫していたといってよい。

ただし、カントにとって国民国家はいわば modus vivendi であり、人類はより相応しい道義的共同体の在り方を模索する義務を負っている。この観点からすれば、帝国主義の危険から自由であるような世界が存在するならば、世界国家という発想は必ずしもかれの構想と矛盾するわけではない。なお、主権平等の思想が国際法でその権威を認められている今日、カント的なオプションから世界政府が排除されるわけでもないだろう。

いずれにしても、コスモポリタンを含むほぼすべてのグローバル思想がなぜ世界政府を危険視し、毛嫌いするのか、また、コスモポリタンの中にはなぜ世界政府がコスモポリタン的理念と合致しない、と考える者が多いのか、以下ではその理由について検討し、なお、今日でも世界政府を警戒することに意味があるかどうかを考察してみたい。

世界政府批判の複数の論拠が、国際関係思想の伝統の中で提出されている。一般的なのは以下である。

（1）国家主権には普遍的な正当性があり、国家が主体であるという普遍的了解が存在する以上、主権を上回るような権限を作ること、ないしその権限を持つ政府の設立に同意を取り付けるのは困難である。

（2）世界政府はいったん設立されれば、近代の国内統一後の経験から明らかなように、権限を拡大させる傾向を持ち、徐々に地域の統治様式や政治文化を侵食し、価値観の多様性を圧殺する。政府の民主的な運営ができたとしても、世界政府は文化的な帝国主義に途を開く危険な存在である。

（3）人間は、文化やアイデンティティを共有し得る同胞と近接性の下で暮らし、法の強制が可能な権威に服従するかぎりにおいてのみ、道徳的に生きることが叶う。しかし、世界政府はそのような忠誠や服従の対象にはなり得ないので、世界政府を戴くような人類社会は道徳的な空間として成り立たない。

たとえばステイト・リアリストのC・シュミットは、政治的に一元化された世界、つまり世界国家（世界政府ではない）の存在可能性を原理的に拒絶する。シュミットにいわせれば、およそ国家が存在するかぎり、複数の国家が地上に存在することが必然である。なぜならば、政治そのものの本質が国家相互の還元不可能性を想定しており、「敵が存在しないような単一体」という発想と相容れないからだ。(30)

これら世界政府批判への呼号はいずれも、コスモポリタニズムへの批判として語られることも多かった。ここでは批判のそれぞれについて、その妥当性をグローバル化という新しい現実に照らしつつ検証してみたい。

（1）については、もし諸国家、諸政府の上に位する政府が樹立可能かどうかという意味であれば、しかもEUのような主権の自発的なプーリングによる権威の樹立であれば、第7章でみたように実現や維持は可能である。もとより国家のほとんどは今日、国際法やEU法などに自発的に服従している。全国家が服従するという保証はないものの、服従した者が損になるという囚人のジレンマ状態が緩和されるほどに、また類似した無法国家が現れないための抑止効果を生むほどに、違犯国家も制裁や経済的不利益を被っている。

EU統合にさいして、主権の制限は現実的でないという批判を浴びてはきたが、EUは解体に至っていない。国家が主権を「譲り渡す」ことは確かに起こりそうもないが、主権を共同管理するという方式を採用するかぎりにおいて、諸政府の上に立つ権威を維持することは不可能ではない。世界的課税の試みの一つである航空券連帯税の例のように、他国の動向にかかわらず想定上ないし未来の上位権威に服する形で納税を先行実施する諸国（フランス、ブラジル、チリほか）も出てきている。

何よりも、「世界政府は存在しないし、これからも設立は不可能」という展望が正しいかどうかは、樹立すべき政府をどう定義するかに依るだろう。（2）の世界政府批判論についていえば、おそらく、もっとも恐れるべきタイプの政府は、多数決デモクラシーによる世界政府ではあるまいか。それが、多数者の専制に向かうという意味で避けるべき存在であることは、その帰結を考えれば明らかであろう。

なぜならば、民主政体では「多数決」を採用せざるを得ないところ、世界大の多数決という発想は、インドと中国が、あるいは大国でなくともカトリックやイスラームなど組織力を誇る多数勢力がほとんどの決定を左右してしまう事態を予測させ、多数者の枠に含まれそうもない者にはこの発想が認めがたいからである。さらに人類史の経験からいえば、多数決の権威に裏付けられた政府、ないし直接選挙で選ばれた首脳ほど、暴政や圧政に傾くのを阻止するのが難しいものはないからである。

いずれにしても、この現実世界に世界政府は存在しないが、「世界政治」は存在している。しかもそれは、デモクラシーを見慣れた人々の目には倫理的に劣ったものにしか映らない。つまり、世界政治はれっきとした支配構造や階層構造を持ち、その内部では腐敗も横行し、さらにその支配をめぐってパワーポリティックスが繰り広げられている。けれども、世界政治に支配や統治がありながら、中央権威が建前上不在とされているので、誰が権限を握っているか、誰が決定しているかが見えない状況にある。

何よりも、世界政府や世界国家がないとされているために、グローバルな政策や行動の責任追及を受けるべき対象が不在で、民主化の標的となるはずの支配者を特定できないことが最大の問題である。そのように考えると、コスモポリタニズムがこの問題の解決を目指すには、世界政府ではなくとも、少なくともそれに代わる権威機関、すなわち多数決原理には依らないが、一方で現下のデモクラティックでない構造を是正し得るようなアカウンタブルな機関を構想する必然性がある。またコスモポリタンには、その政府の樹立までのプロセスを想い描く必要もあるだろう。

たとえば、J・マリタンは、『人間と国家』（*L'Homme et l'État*）のなかで、世界的な政治社会の設立は、戦争の廃絶のためばかりでなく、各国家や各個人の自由の保障のためにも必須であると考えていた。[31] そのマリタンが、主権国家という現実の重みを意識しながら提案しているのが、国連とも、国際司法裁判所とも異なる、最高諮問委員会（conseil consultatif suprême）の設立である。[32] それは、世界がその権威に敬意を払うような「知性」によって組織される委員会であった。その委員会は実際の政治権力を有さずに、各国家への勧告権を持つこともないが、地球的問題やその解決策についての理念や意見を「権威者の見解」として表明することが許される。

この委員会の見解は、「人類が共に生き共に痛みを分かつ」、という立場をつねに確認したうえで、世界公共的な立場や世界倫理的な立場から発せられる。このようないわば「賢者の上院」（Sénat de sages）が、超国家的な世界組織の第一歩に成り得るとマリタンはいう。このような権威を身に纏う機関であれば、人々の、忠誠ではなくとも尊重の対象となるがゆえに、先に紹介したコスモポリタニズムに対する（3）の批判を部分的にかわすことができるかもしれない。そのうえで、この機関が打ち出すアイデアに基づいて地球公共的な政策の青写真を描き出すこともできる。

さらにコンストラクティヴィストのA・ウェントは、「なぜ世界国家は不可避なのか」（Why a World State Is Inevitable?）という論文を『欧州国際関係論ジャーナル』（*European Journal of International Relations*）に寄せている。[33] ここでかれは、世界政府ではなく、世界国家の必然性を目的論的（teleological）な哲学の観点から論じようとした。

もとより、国際関係論の理想主義が「歴史がどこに向かうべきか」を指示してきたのに対して、ウェントの議論は、人類がこれまで特定の目的のために一貫して行動してきたと仮定して、その目的追求を貫くと最終的にどこに行き着くのかを推理したものである。たとえばカントも、道義的進歩という観点から国家の未来を展望したが、同時に、諸国家が自由な連合に向かうことを摂理や歴史的必然としても描いていた。

ウェントの描く国家の目的とは、目的論者ヘーゲルのいう「承認への欲求と闘争」より着想を得たもので、他者や他国すべてから承認を得て、最終的に成員すべての存在の絶対的安全を確保できる状態（可能性）をいう。そのような視点からみると、諸国家が個別性を維持したまま承認へ至るプロセスを描きながら、各国が承認を確実に手にする終局状態を論じなかったヘーゲルの国家論は、ウェントにとっては論理矛盾だということになる。そこでウェントは、人類が以下のような五つのステップを踏みながら、相互承認の貫徹された世界国家に至ることを論証しようとこころみる。(34)

すなわち、人類が最初に置かれたのが、相互承認が成立し得ないホッブズ的状態だったと仮定しよう。この状態でアクターは相互に完全な敵としてふるまい、アクターは相互に他者の運命に無関心である。一方、次のロック的状態で、各国はそれなりに他者の承認を得ることが叶う。しかしながら各国はライバル関係に留まることから、承認が覆される恐れのある不安定な状態が続く。

次の状態は、カント的な集団安全保障体制の構築である。世界国家とまではいえないこの体制の中で、各国家は他者から存在を踏み躙られるという事態が起きないように、同盟を組織した形で集団的監視を強化する。しかし各国はまだ、集団安全保障を自己利益のために利用するという意図を隠すことはなく、しかも、そこに加わることが自己利益にならないと判断する国家は離脱のインセンティヴを持ち続ける。それは、ロック的状態への逆戻りを許してしまうという意味で、不完全な体制である。

次の段階では、カント的状態に不足していた、強制力や制裁力の樹立が課題となる。全世界を網羅するような「国家連合」が樹立されることで、承認が形式や契約に留まらず、実際に徹底される体制に近付くのである。ただし、この段階で国家の自律性は保障されたとは言うものの、アイデンティティ・レベルでの承認のための闘争が終わったわけではない。各国のナショナリストが、同盟や国連を、自己アイデンティティを損なうものと認識する可能性がなおある。かくして人類は最後に、自己アイデンティティを世界国家の構成員という意識と一体化させるような最終段階を指向し始める。ひとたびその段階に到達すれば、もはや承認を受けない自己はなく、さらに、アイデンティティの承認のために闘争する必要性が存在しなくなる。これが、ウェントの描く世界国家への道筋であった。

他方、A・コジェーヴは『法の現象学』(*Esquisse d'une phénoménologie du droit*) において、人間がもたらしてきた法の進歩というプロセスを、人間が法の精神が貫徹されるまで歩みを続けなければいられない、という命題に読み替えた場合に、国連のような政府間組織とは異なった、世界的な連邦の達成が不可避になると考えている。(35) コジェーヴのみるところ、種々の国内法を内部に持つ主体が、その政治的な相互作用の規則や法則を具象化したに過ぎない現行の国際法の発想を、真の法とみなして満足することはできないからである。

言い換えると、「地球上にはまだ、法なるものが存在しない」。なぜならば、友と敵という政治構造を内部に持ち、その影響を受ける法概念は、真の法概念が拠って立つ基盤としての中立性や一般性を担保しえないから。なお、政治的な中立性という考え方があったとしても、第三者が中立であることに政治的な利害関心を抱く以上、それは真の公平無私とも中立とも言い難い。

しかるに、人間社会で法的状態のもとに生きたいと願望が途絶えることないと仮定すれば、人類は最後に、地球全体で法的な中立性を生むような状態に移行しなければ気が済まないだろう。そこに移行するまで、運動を止めないだろう。そのように推論してゆくと、遅かれ速かれ地域的な法と正義すべてを総合するような普遍的国家が生まれ、諸国家を超越する社会が樹立されることで国際公法を生む立法行為が現実化するという、将来的な見通しを抱くことができる。(36)

ここで言及したマリタン、ウェント、コジェーヴのごとく世界国家や世界政府を構想することは、コスモポリタンの論理的必然とはいえない。それゆえ、これらの世界政府論への批判をもってコスモポリタンを論難することは、公平な評価には値しないだろう。とはいえ、過去一〇〇年のグローバル社会の変化を顧みるに、コスモポリタン思想が世界政府を支持することで論理的に破綻し、現実味を失うかといえば、もはやそうではない。

いやむしろ、世界政府の議論を回避し続けたいと望むコスモポリタンは、コスモポリタンの取り組むべき今日的な課題、たとえば国際法や国際正義の徹底のための「執行力」の強化ないし新しいタイプの「強制力」の案出という今日的課題から目を背けている。そのように言ってよいほど、諸国家の環境もコスモポリタンを取り巻くグローバル社会の現実も、長足の変化を遂げているのではあるまいか。

注

（1）John Ruggie, ‘The theory and practice of learning networks: corporate social responsibility and the global compact’, *Journal of Corporate Citizenship*, Vol.5, 2002, pp. 27–36; ‘Reconstructing the global public domain: issues, actors, and practices’, *European*

Journal of International Relations, Vol.10, No.4, 2004, pp. 499–531.

(2) Ulrich Beck, *Was ist Globalisierung?: Irrtümer de Globalismus—Antworten auf Globalisierung* (Frankfurt: Surrkamp Verlag, 1997). 木前利秋・中村健吾監訳『グローバル化の社会学』(国文社、二〇〇五年)、八八頁。

(3) 現下の支配的なコスモポリタニズムを、「新リベラル・コスモポリタニズム」と呼んで、徹底してマイナスイメージで捉えるものとして、以下を参照。P・ゴウワンは、コスモポリタニズムを、富裕な国家が構成する「平和ユニオン」が、優勢な資本主義諸国家が運営する機関を通じて人類を統一する試みであり、実際には富裕と欠乏の両極化を人類にもたらす思想であると捉えている。Peter Gowan, 'The New Liberal Cosmopolitanism', in Daniele Archibugi (ed.), *Debating Cosmopolitanism* (London and New York: Verso, 2003), pp.51–66.

(4) 本章では、これらの構成要素を相互に矛盾するわけではないものとして論述を進める。ただし、コスモポリタンの中には、Th・ポッゲのように、全人類がグローバル秩序のもとで同じ権利、義務を保有することを目指す法制度的コスモポリタニズムと、諸国家の制度的枠組みに道徳的制約を課そうとする道徳的コスモポリタニズムを、分けようとする者もいる。Thomas Pogge, 'Cosmopolitanism and Sovereignty', *Ethics*, No.103, pp.48–75. さらに、R・ピーリクとW・ワーナーは、コスモポリタニズムの「理念」と、その執行や実施を主権国家に頼らなければならないコスモポリニズムの「制度化」の両者を、区別することの重要性について論じている。Roland Pierik and Wouter Werner (eds), *Cosmopolitanism in Context* (Cambridge: Cambridge University Press, 2010), pp.282–289.

(5) ここで、コスモポリタンとコミュニタリアンの対抗を描くさいには、Ch・ブラウンが設定した以下の軸を土台としている。ブラウンによると、コスモポリタンは道義的価値の究極の源泉を共同体以外の何か(個人ないし人類)に求め、共同体が道義において中心的位置を占めることはないと考えているのに対して、コミュニタリアンは、道義的価値が、人類全体とは対立するような、あるいは個々の人間の要求とは対立するような個別の政治的集団に与えられるべきと考える。Chris Brown, *International Relations Theory: New Normative Approaches* (Hemel Hempstead: Harvester Wheatsheaf, 1992), p. 12.

（6）G. W. F. Hegel, *Grundlinien der Philosophie des Rechts* (1821), § 336. 藤野渉・赤澤正敏訳『法の哲学』（岩崎武雄責任編集『ヘーゲル——世界の名著35』中央公論社、一九六七年）、五九二頁。

（7）Dominique Shnapper, *La Communauté des Citoyens: Sur l'Idée Moderne de Nation* (Paris: Gallimard, 1991). 中嶋洋平訳『市民の共和国——国民という近代的概念について』（法政大学出版局、二〇一五年）、二二八頁。

（8）カント「世界市民法」、法論第二部「公法」第三章、樽井正義・池尾恭一訳『人倫の形而上学』（岩波書店、二〇〇二年）、二〇五—二〇六頁。

（9）ローティーは、カント的な普遍道徳を否定したウォルツァーを、以下のように援護している。「ウォルツァーは、特定の社会の習慣や制度を、普遍的な道徳的合理性という共通の核のまわりに、すなわち文化横断的な道徳法則のまわりにたまたま付着したものとみなすべきではない、と論じている。むしろ、慣習や制度という一揃いの厚い道徳のほうを、より先なるものであり、道徳的忠誠を命ずるものである、と考えるべきなのである。（中略）厚い道徳間に薄い類似性があるかもしれないが、それは偶然的なもの、すなわち、さまざまな生物種において適応の結果生じた器官の間の類似物とおなじように偶然的なものである」。Richard Rorty, *Philosophy and Social Hope* (New York: Penguin Books, 1999). 須藤訓任・渡辺啓真訳『リベラル・ユートピアという希望』（岩波書店、二〇〇二年）、三七頁。

（10）Charles R. Beitz, *Political Theory of International Relations* (Princeton: Princeton University Press, 1979), p.182.

（11）プラトン、久保勉訳『ソクラテスの弁明』（岩波書店、一九二七年）、五二、五八—五九、八九頁。

（12）Martha C. Nussbaum, *Cultivating Humanity: A Classical Defense of Reform in Liberal Education* (Cambridge MA: Harvard University Press, 1997), pp.8–35.

（13）キケロ、中村善也訳『法について』（鹿野治助責任編集『キケロ／エピクテトス／マルクス・アウレリウス——世界の名著14』中央公論社、一九八〇年）、一六五頁。

（14）Amin Maalouf, *Les Identités Meurtrières* (Paris: Grasset & Fasquelle), 1998. 小野正嗣訳『アイデンティティがヒトを殺

す』（筑摩書房、二〇一九年）、一二七頁。

（15）カント、前掲書、二〇五頁。

（16）Iris Marion Young, *Responsibility for Justice* (Oxford: Oxford University Press, 2011). 岡野八代・池田直子訳『正義への責任』（岩波書店、二〇一四年）、二〇六頁。

（17）カント、「国家法」、法論第二部「公法」第一章、樽井正義・池尾恭一訳『人倫の形而上学』（岩波書店、二〇〇二年）、一五二―一六一頁。

（18）Michael Walzer, *Thick and Thin: Moral Argument at Home and Abroad* (Notre Dame: University of Notre Dame Press, 1994). 芦川晋ほか訳『道徳の厚みと広がり――われわれはどこまで他者の声を聴き取ることができるか』（風行社、二〇〇四年）、二九頁。

（19）カント、「国際法」、前掲書、一九三―一九四頁。

（20）筆者はこの観点から、西欧の普遍に対するアンチ・ディスコースとしてのアジア的価値について、考察したことがある。押村高「アジア的価値の行方」、天児慧編『アジアの21世紀――歴史的転換の位相』（紀伊國屋書店、一九九八年）、一五九―一九一頁。

（21）たとえば、イギリスの代表的な保守主義者スクルートンの以下の論考を参照せよ。'Where we are', Sir Roger Scruton com (https://www.roger-scruton.com/)。スクルートンによるとEUは、エリートたちが立法を武器にトップダウンに統治を行おうとするものの代表であり、イギリスのボトムアップ型のデモクラシーとはその本質を異にする。

（22）Marcel Mauss, 'La Nation', *Année sociologique*, 3e série, 1953–54; La Nation, édition et présentation de Marcel Fournier et Jean Terrier (Paris: Presses Universitaire de France, 2013), 森山工編訳『国民論』（岩波書店、二〇一八年）、一七四―二二九頁。

（23）W・キムリカがそのように主張する理論家の代表である。Will Kymlicka, *Politics in the Vernacular: Nationalism, Multiculturalism, Citizenship* (Oxford: Oxford University Press, 2001). 岡崎晴輝ほか訳『土着語の政治――ナショナリズム、多文化主義、シティズンシップ』（法政大学出版局、二〇一二年）。

（24）Jack L. Goldsmith and Eric A. Posner, *The Limits of International Law* (Oxford: Oxford University Press, 2005), p.221.「リベラル・デモクラシー国におけるコスモポリタン的な行為へのハードルは、構造的なものである。市民間に多くのコスモポリタン的な感情が沸き起こることは、デモクラシー国であることと相容れない。リベラル・デモクラティックな諸政府は市民が指示するだろう事柄をはるかに越えてまで行動することはできない。リベラル・デモクラシーのプロセスこそが、コスモポリタン的行為に対して、個人レベルのコスモポリタン感情に対してさえも、多数のハードルを生み落とすのである」

（25）H・シュミットいわく、オランダは「欧州共同体の創立メンバーのうち、統一に最も力を注いだ」国家であった。Helmut Schmidt, *Die Selbstbehauptung Europas* (München: Anstalt, 2000). シドラ房子訳『ヨーロッパの自己主張――21世紀への展望』（シュプリンガー、二〇〇六年）、一二〇頁。

（26）Eric Zemmour, *Le Suicide Français* (Paris: Albin Michel, 2014); *Destin Français* (Paris: Albin Michel, 2016).

（27）Onora O'Neill, *Bound of Justice* (Cambridge: Cambridge University Press, 2000). 神島裕子訳『正義の境界』（みすず書房、二〇一六年）、一五〇頁。

（28）Ibid. 邦訳、一九〇―一九一頁。

（29）Ibid. 邦訳、一九一頁。

（30）Carl Schmitt, *Der Begriff des Politischen* (Berlin: Duncker & Humblot, 1932. 田中浩・原田武雄訳『政治的なものの概念』（未來社、一九七〇年）、六一頁。

（31）Jacques Maritain, *L'Homme et l'État* (Paris: Presses Universitaires de Paris, 1953), pp.176–202.

（32）Jacques Maritain, *op. cit.*, pp.199–202.

（33）Alexander Wendt, 'Why a World State Is Inevitable?', *European Journal of International Relations*, Vol. 9, Iss. 4, 2003, pp. 491–542.

（34）ここでウェントが現在よりも上位の発展段階を描写するさいに、一六世紀以降の欧州政治の展開と、二〇世紀後半の欧州統合の過程をイメージしていることはいうまでもない。

（35）Alexandre Kojève, *Esquisse d'une phénoménologie du droit* (Paris: Gallimard, 1981). 今村仁司・堅田研一訳『法の現象学』（法政大学出版局、一九九六年）、四三七―四五九頁。

（36）Ibid.. 邦訳、四四六―四四九頁。

あとがき

本書は、グローバル社会における諸問題についての哲学的アプローチを開拓する、ささやかなこころみである。

著者はこれまで、主に（1）国際政治の思想、（2）国際正義の理論と実践、（3）安全保障ディスコースの分析という三つの分野で論考を発表してきた。それらの研究を手掛けるうちに、国際関係の思考や実践には、伝統的な政治学とは比較にならないほど強固な「現状維持バイアス」が作用を及ぼし、そのバイアスこそ、グローバル社会の構造的変化の認識を妨げ、ひいては未来ヴィジョンを示せなくしている理由である、という想いに至った。そこで本書では、このバイアスを対自化する方法、またそれを脱する方途があるとすれば、それは普遍的な問いへの解答を広範な時間軸と空間軸の中で模索する「哲学」にほかならないことを示そうとした。

とくに本書では、メタ理論の立場から、あるいは認識論の地平に降り立って、国際関係の理論家や実践家が用いてきたリアリティーを認知する手法、そのリアリティーを記述する方法それ自体の批判的な吟味をも行った。さらに、リアリズムに代わり得るものとして社会哲学において議論されてきた国際社会、公共、正義、デモクラシー、自己決定、コスモポリタニズムなどの、価値や規範を含み、現状変革を志向する理念が、現状維持に代わる論理の方向性を見出すのに役立ちうるかどうかを、それぞれの理念が持つ限界とともに検討した。

著者はかつて、数世紀にわたる「変化」という観点からグローバル政治を眺めると、構造的リアリズムよりカント主義の方が現実的ではなかったか、という問題提起を行ったこともある（『国際政治思想――生存・秩序・正義』勁草書房、二〇一〇年）。このような想いは、近年の国際関係の展開を見るにつけ、強まるばかりだ。K・ウォルツが『国際政治の理論』で行った「脱中央集権的でアナーキー的である」という国家間関係の描き方は、国際機関の権威や機能の高まり、地域的な統合の進展や深化、人権規範の各国世論への浸透などの変化の中で、辛うじて国家安全保障の領域でのみリアリティーを保っているに過ぎない。むしろ著者にとっては、哲学者カントが『永遠平和のために』で示した「地球上の一地域で生じた法の侵害が、すべての地域で感知される」時代が来るというコスモポリタン的な予言の方が、はるかに現実的であるように思われてならない。

もっとも、ＣＯＶＩＤ－19後の世界において、あるいはロシアのウクライナ侵攻がトリガーとなって、先進デモクラシー国の一部で国際協調、グローバル化、相互依存などのイメージは反転してしまった。実際に、各国における保守勢力や自国優先主義の復活につれて、難民の受け入れ、ヒトの移動の自由、自由貿易の促進などのコスモポリタニズムと親和性を持つ政策も後退を余儀なくされている。これらの状況をして、グローバル社会では進歩を望むことのできない証拠、あるいはリアリストの正しさを裏書する事例、と評する者もいる。

しかし観方を変えるとこれは、第二次大戦前や冷戦中とは異なって、国連＝国際法体制のもとで、あるいは世界大の経済的依存構造、また国境を越える市民のネットワーキングによって、グローバルなアクター間のいわば「社会化」が進み、各国内にナショナリズムや民族主義が高まっても他国との協力関係が台無しになるわけではない、という安心感を人類が手にした証し、と捉えることもできるだろう。むしろこれを、各国が戦争の危険を冒すことなく国家ファーストの外交政策の追求に専念できる環境が整った証拠、とみなすこともできよう。

いずれにしても、グローバルな空間には、その表層、深層のいずれにおいても、構成要素間で争いが生じても、それが全体の崩壊や無秩序にまで至ることがないという「社会」、また秩序、信頼、規範などが認められる「社会」として、その輪郭と特徴が備わってきたと考えることはできないか。

もちろん、本書全体あるいはその部分が、現状維持を越える論理を提供し得たと強弁するつもりはない。ただ、リアリスト以外の思潮は「現実味において劣る」と考えてきた人々に、時間軸や空間軸を拡げて「変化というリアル」に目を向けるきっかけを提供し、リアリズムが陥りがちな退嬰主義を脱するために、認識論的な自己反省、グローバル空間を社会として捉える視座、そして哲学者によって語られてきた理念や規範への参照、が有効であることに気付いてもらえるならば、本書の目的の多くは達成されたことになる。

本書出版にあたりサポートと助言をいただいたみすず書房の田所俊介氏に、心よりの御礼を申し述べたい。なお、本書は青山学院大学国際政治経済学会の助成を得て刊行される。関係各位に感謝する。

本書執筆中に、国際政治思想の研究仲間であり、かつて私が博士論文の主査を務めた中山俊宏さん（慶応義塾大学教授）と高橋良輔さん（青山学院大学教授）に先立たれるという、悲しい出来事が重なった。若くして研究の道半ばで旅立たれたお二方の無念さを想うと、いまも研究を続けていられる私自身の胸が締め付けられる。謹んで本書をかれらに捧げるとともに、かれらの後継の世代が国際政治思想研究を引き継いでくれることを祈りたい。

二〇二四年一二月

押村　高

索　引

ア

カ

サ

タ

ナ

ハ

マ・ヤ

ラ・ワ

初出一覧

本書の章のうちいくつかは，著者がすでに発表した論文に加筆，修正を施したものである．それぞれの原題と初出は次の通り．

第 1 章　書き下ろし

第 2 章　書き下ろし

第 3 章　「グローバル公共性の構造転換」，山脇直司・押村高編『アクセス公共哲学』（日本経済評論社，2010 年）

第 4 章　「グローバル化と正義——主体・領域・実効性における変化」，日本法哲学会編『法哲学年報』（有斐閣，2012 年）

第 5 章　「トランスナショナル・デモクラシーはデモクラティックか——脱領域的政治における市民的忠誠の行方」，日本政治学会編『年報政治学』62 巻 1 号（木鐸社，2011 年）

第 6 章　「グローバル化時代の集団的自己決定」，杉田敦編『デモクラシーとセキュリティ——グローバル化時代の政治を問い直す』（法律文化社，2018 年）

第 7 章　「地域統合と主権ディスコース」，山本吉宣・羽場久美子・押村高編『国際政治から考える東アジア共同体』（ミネルヴァ書房，2012 年）

第 8 章　書き下ろし

著者略歴

（おしむら・たかし）

1956年東京都生まれ．早稲田大学大学院政治学研究科博士課程修了．博士（政治学）．青山学院大学国際政治経済学部教授．学部長，副学長を歴任．2019年から21年までパリCIUP日本館館長（外務省ミッション）を務めた．専門は政治学，政治思想史，国際関係論．著書『モンテスキューの政治理論』（早稲田大学出版部 1996）『国際正義の論理』（講談社現代新書 2008）『国際政治思想』（勁草書房 2010）『国家のパラドクス』（法政大学出版局 2013）ほか．訳書 ジョンストン『正義はどう論じられてきたか』（共訳 みすず書房 2015）ほか．

押村 高
グローバル社会の哲学
現状維持を越える論理

2025年 3月17日 第1刷発行

発行所 株式会社 みすず書房
〒113-0033 東京都文京区本郷2丁目 20-7
電話 03-3814-0131(営業) 03-3815-9181(編集)
www.msz.co.jp

本文組版 キャップス
本文印刷所 理想社
扉・表紙・カバー印刷所 リヒトプランニング
製本所 松岳社
装丁 安藤剛史

ISBN 978-4-622-09700-6
[グローバルしゃかいのてつがく]